典藏新版

卡內基
超人氣説話術

戴爾・卡內基／著

〔名人推薦〕

除了自由女神，卡內基或許就是美國的象徵。

——美國《時代周刊》

在出版史上，沒有任何一本書能像卡內基那樣持久地深入人心，也唯有卡內基的書，才能在他辭世半個世紀後，還占據著我們的排行榜。

——《紐約時報》

與我們應取得的成就相比，我們只不過是半醒著，我們只利用了身心資源的一部分。卡內基因為幫助職業人士開發他們蘊藏著的潛能，在成人教育中掀起了一種風靡全球的運動。

——威廉·詹姆斯（哈佛大學著名心理學教授）

由卡內基開創並倡導的個人成功學，已經成為這個時代有志青年邁向成功的階梯，通過它的傳播和教導，無數人明白了積極生活的意義，並由此改變了他們的命運。卡內基留給我們的不僅僅是幾本書和一所學校，其實真正價值是：他把個人成功的技巧傳授給了每一個想成功的年輕人。

——甘迺迪總統（一九六三年在卡內基逝世紀念會上的演講）

你真想將自己的生活改變的更好嗎？如果是，那麼本書可能是你們遇到的最好的書之一。

閱讀它，再閱讀它，然後開始行動。

——奧格·曼丁諾《世界上最偉大的推銷員》作者

《讀者文摘》推介：

本書對你有什麼影響？

1. 改變你陳舊的觀念，給你新的一頁，讓你耳目一新！
2. 使你交友迅速，廣受歡迎，易得知己。
3. 幫助你不畏困難，建立積極的人生觀。
4. 幫助你使人贊同你，喜歡你。
5. 增加你的聲望，和你成功事業的能力。
6. 使你獲得新的機會。
7. 增加你賺錢的能力。
8. 幫助你成為一個更好的推銷員或高級職員。
9. 幫助你應付抱怨，避免責難，使你與人相親相愛。
10. 使你成為一個更好的演說家，一個健談者。
11. 使你每日生活中，易於應付這些心理學上的原則。
12. 使得有你在的場合，便可激起人生的熱忱。

作者簡介

戴爾・卡內基，被譽爲二十世紀人類最偉大的人生導師，也是成功學大師。

卡內基於一八八八年十一月廿四日出生在美國密蘇里州的一個貧苦農民家庭，是一個樸實的農家子弟，他的童年和其他美國中西部農村的男孩子並沒有什麼不同，他幫父母幹雜事、擠牛奶，即使貧窮也不以爲意。這或許是因爲他根本不覺得自己家裡很貧窮。

在那個沒有農業機械的年代，他和父親同樣做著那些繁重的體力活，而一年的辛勞卻可能因爲一場水災而付諸東流，或者被驕陽曬枯了，或者餵了蝗蟲。

卡內基眼見父親因爲這些永無終止的操勞而備受折磨，發誓絕不拿自己的一生來和天氣賭每年收成到底是如何！

如果說卡內基的童年和其他農村男孩子有什麼不同的話，那主要是受到他母親的強烈影響。她是一名虔誠的教徒，在嫁給卡內基的父親之前曾當過教員。她鼓勵卡內基接受教育，她的夢想是讓兒子將來當一名傳教士或教師。

一九〇四年，卡內基高中畢業後就讀於密蘇里州華倫斯堡州立師範學院。他雖然得到全額獎學金，但由於家境的貧困，他還必須參加各種工作，以賺取必要的生活費用。這使他感到羞恥，養成了一種自卑的心理。因而，他想尋求出人頭地的捷徑。

在學校裡，具有特殊影響和名望的人，一類是棒球球員，一類是那些辯論和演講獲勝的人。他知道自己沒有運動員的才華，就決心在演講比賽上獲勝。他花了幾個月的時間練習演講，但一次又一次地失敗了。失敗帶給他的失望和灰心，甚至使他想到自殺。然而在第二年裡，他開始獲勝了。

當時，他的目標是得到學位和教員資格證書，好在家鄉的學校教書。但是，卡內基畢業後並沒有去教書。他前往國際函授學校總部所在地丹佛市，爲該校做推銷員，薪水是一天兩美元，這筆收入可以支付他的房租和膳食，此外還有推銷的佣金。

儘管卡內基盡了最大的努力，但是並不太成功，於是又改而推銷肉類產品。爲了這份工作，他一路上免費爲一個牧場主人的馬匹餵水、餵食，搭這人的便車來到了奧馬哈市，當上了推銷員，週薪爲十七點三一美元，比他父親一年的收入還要高。

雖然卡內基的推銷幹得很成功，成績由他那個區域內的第廿五名躍升爲第一名，但他拒絕升任經理，而是帶著積攢下來的錢來到紐約，當了一名演員。

作為演員，卡內基唯一的演出是在話劇《馬戲團的包莉》中擔任一個角色。在這次話劇旅行演出一年之後，卡內基斷定自己走戲劇這行沒有前途，於是他又改回推銷的老本行，為一家汽車公司推銷汽車和卡車。

但做推銷員並不是卡內基的理想。在他從事汽車推銷時，他對自己的能力很懷疑。

有一天，一位老者想買車，卡內基又背誦了那套「車經」。老者淡淡地說：「無所謂，我還走得動，開車只不過是嘗新罷了，因為我年輕時曾夢想成為汽車設計師，那時還沒有汽車呢。」

老者的一番話，吸引了卡內基。他詳細地和老者聊起自己在公司的情況，後來他們的談話又轉到了人生的話題。卡內基講述了自己最近的煩惱：「那天凌晨，對看一盞孤燈，我對自己說：『我在做什麼，我的夢想是什麼，如果我想要成為作家，那為什麼不從事寫作呢？』您認為我的看法對嗎？」

「好孩子，非常棒！」老者的臉上露出輕鬆的笑容，繼而說：「你為什麼要為一個你不關心又不能付你高薪的公司賣命呢？你不是想賺大錢嗎？寫作，在今天也是個不錯的選擇呀！」

「不，老先生，放棄工作是不可能的，除非我有別的事可做。但是我能做什麼呢？我有什麼能力能讓自己滿意地賺錢和生活呢？」卡內基問。

老者說：「你的職業應該是能使你感興趣並發揮才能的，既然寫作很適合你，為什麼不試一試？」

這一句話讓卡內基茅塞頓開。那份埋藏在胸中奔湧已久的寫作激情，被老者的幾句話給激發了。於是，從那天起，卡內基決定換一種生活。他要當一位受人尊敬、受人愛戴的偉大作家。

一個偶然的機會，卡內基發現自己所在城市的青年會（ＹＭＣＡ）在招聘一名講授商務技巧的夜大老師，於是他前去應聘，並且被錄用了。

卡內基的公開演說課程，不僅包括了演說的歷史，還有演說的原理知識。除此之外，他還發明了一種獨特而非常有效的教學方式。

當他第一次為學員上課時，就直接點名讓學員談他們自己，向大家講述他們日常生活中發生的事。當一個學員說完以後，另一個學員接著站起來說，然後再讓其他學員站起來說。這樣，直到班上每一個學員都發表過簡短的談話。

卡內基後來說：「在不知道究竟該怎麼辦的情況下，我誤打誤撞，找到了幫助學員克服恐懼的最佳方法。」從此以後，卡內基這種鼓勵所有學員共同參與的教學方法，成為激發學員興趣和確保學員出席的最有效方法。雖然這種方法在當時尚無先例，也沒有什麼方法可以評定他這套方法的效果，但它確實奏效了，並且在全世界教出了許多更會說話且更有信心的人。

這一哲理的成功，可以從成千上萬名畢業學員寫來的信中得到證明。寫這些信的學員有工廠工人、家庭主婦、政界人士、公司負責人、教師及傳教士，他們的職業遍及了各行各業。

卡內基於一九五五年十一月一日去世，只差幾個星期便六十七歲。追悼會在森林山舉行，被葬在密蘇里州他父母親墓地的附近。

一九五五年十一月三日，華盛頓一家報紙刊載了下面這段文字——

「那些憤世嫉俗的人過去常常揣測，如果每個人都接受並且遵照卡內基的話語去做，那將會成什麼局面？卡內基先生在星期二去世了，他從來不屑於這些世故者的風涼話。他知道自己所做的事，而且做得極好。他在自己的書中和課程上，努力教導一般人克服無能的感覺，學會如何講話、如何為人處世。

「千百萬人受到他的影響，他的這些哲理如文明一樣古老，如『十誡』一般簡明，對於人們在這個狂亂的年代裡獲得快樂和成就極有幫助。」

卡內基
Dale Carnegie

目錄
Contents

卡內基
Dale Carnegie

目錄
Contents

卡內基 Dale Carnegie

目錄
Contents

前言

神奇的超人氣法術

人與人之間的溝通，靠的是說話！話雖人人會說，卻不是每個人都說得好、說得巧，一句話可以興邦，也可以喪國，常見有些人喜歡長篇大論，說得口沫橫飛，激動異常，聽的人卻是昏昏欲睡，不知所云；更甚者令人避之唯恐不及，原因就在於說話的人不懂得說話的藝術。

也有的人私底下講話口若懸河，侃侃而談，一旦上臺面對人群發表演說時，便心生恐懼，頓時腦袋一片空白成了啞巴；或是在社交場合中有心理障礙，討厭在陌生人前說話，使得人際關係大受挫折，導致越來越自閉，嚴重的還會影響到事業前途。

卡內基曾說：「如果你能站在別人的立場去想，並以他的觀點去看事物的趨向，你就把握了成功的關鍵。」唯有自然、真誠，才能贏得聽眾信任。事實上，精簡有力的說話，要比冗長雜亂的內容更能吸引對方的注意，真正高明的說話術，只要寥寥數語就能打動人心。要想有效率地與人溝通，正確表達自己的想法，就要有系統、有條理的組織每一句說出的詞彙，搭配手勢的輔助，加上真誠的態度，如此必能無往不利，事事達標。

卡內基所創立的超人氣說話術之所以那麼成功，就是因爲能迅速地顯現其效果，他深諳說話術的精髓，將一般人說話時會遇到的困難以淺顯易懂的說明來克服，幫助人們快速地掌握「聰明說話」的方式，並實際運用在日常生活之中，使說話不再是一件困難的事。

沒有人天生就是優秀的演說家，一個成功的演說家，必須經由不斷的訓練，累積許多實戰經驗，方能塑造出個人獨特的魅力。本書即是卡內基以其親身經歷與教學實例現身說法，教你如何戰勝內心恐懼，訓練自己培養說話的技巧，在人群中更有自信，擁有超高人氣！

第一章 開口恐懼症

筆者所開辦的演說訓練班，有許多人來上課。當我問他們來此受訓的「動機和期待」時，他們給了我很多答案。但是追根究柢的話，可以歸納出一個共同點，即無論是誰都會異口同聲地這樣回答——

當被要求在大眾面前講話時，站起來的我，突然血液上升、口齒不清、喪失集中力、連要說什麼都忘記了——我希望能夠變得自信、沈著、能夠立刻歸納思緒，在商談、在朋友面前、還有一般聽眾面前，都能清楚地將自己的想法用具有說服力的方式，侃侃而談。

舉個實例——肯特先生在我開講後的某一天招待我到工商俱樂部午餐。

如此活躍的中年紳士，既是公司負責人，也是教會、市民活動的領袖人物。然而，這個深具才華的人，卻跟我商量：

「老師，我到目前爲止，曾數次被邀請在各種場合演講，但我一次也沒接受。真不好意思，當我一站到眾人面前，腦中就一片空白！現在，我卻成爲大學評議會的會長。所以，即使討厭說話，也不得不面對這個難題。我已這把年紀了，您認爲訓練後能變得會說話嗎？」

「肯特先生，你想變成會說話，這不是先『想』的問題。我能確定的是，只要你努力學習，加上確實地遵從方法的話，你當然會變得能言善道。」

他雖同意我的看法，但同時也覺得我未免太過樂觀了，因此他又不安地說：「恐怕老師只是爲了鼓舞我，才這麼說的吧！」

從此以後，我和肯特先生暫時沒有碰面的機會。

三年後，我和他再次重逢，仍是在和以前一樣的午餐會上。我問他：「肯特先生，我以前所說的意見太過樂觀了嗎？」

他一面露出滿意的笑容，一面讓我看他紅色記事簿上排得密密麻麻的演講日程表。

「我非常滿足！我有演說的才能，使我非常高興，而且，最重要的是，我的話對人們多少有些幫助。」他愉快的心情，連我都感受到了。

他的進步是特例嗎？不！還有很多磨練成功的例子。

以住在布魯克林的卡其司醫師爲例。職業棒球迷的這位醫師，某年在佛羅里達「巨人」棒球場的附近度過冬天。他經常去看球賽練習，所以便和球員熟稔起來。有一天他被邀請參加球隊的聚會。

餐會結束，對卡其司醫師而言，就如同是晴天霹靂一樣——因爲這段時間是所謂的「貴賓致詞」時間。

「今晚有位貴賓來到這裡，現在就請卡其司醫師跟我們談一談，關於棒球選手的健康問題吧！」

司儀的話如同炸彈一般。當然，關於說話的內容他比誰都內行。對於已有三十年以上醫療經驗的人而言，若這只是鄰居在發問的話，或許可以說上一整夜，但是一站在眾人面前，卡其司醫師身體麻痺、心臟狂跳。

這不是沒有道理的，因爲在此之前他未曾有過在眾人面前說話的經驗。因此，該說的內容早就飛得老遠了。

回到布魯克林之後，他到我的班上來，這是非常明智的選擇。

他的進步很顯著，具有達到預期以上的效果。當初神經質的態度減少了，也有自信了。二個月以後，變成班上很有人緣的演說家了。

之後，他應各方面要求做演講，而被人們肯定。在眾人面前說話的意興昂揚，及因這樣的機緣得到了許多朋友，不是比任何事都來得高興嗎？

終於，紐約的共和黨選舉委員會請他爲黨助一臂之力。來邀請他的政治家對於這位一年前尚不能站在眾人面前說話，甚且幾乎要逃出場外的人，現在居然……而深感大惑不解。

——一邊在人面前說話，一邊冷靜地整理思緒的能力。

——具有自信和勇氣。

學習這些，比你想像中的還要容易得多。這是上天賜予每個人的禮物，說起來就如高爾夫的技巧一樣，只要努力學習、不斷練習，終必有成。

請您想想看，坐著時能考慮的內容，爲何站起來就不能考慮了呢？

事實上，在眾人面前應該是有利於思考，爲什麼？因爲有傾聽自己說話的人，就會刺激我們發揮無窮的思考潛能。

很多有名的演說家都異口同聲地說——

聽眾可以激發靈感，使頭腦清晰、敏銳。

連自己都沒注意到的想法或已忘了的事、沒想到的主意等等，都會因此而驟然被想起。

借用亨利・比查的話：「如行雲流水般的在自己的腦海中流過。」

意識性的訓練，任誰也會有這樣的經驗。我深信隨著反覆地訓練，能消除對於聽眾恐懼的心理，也能得到自信和勇氣。

請丟棄只認爲自己是特別低能的（**無意義的**）自卑感。凡是能被稱爲名演說家的人，其最初都是曾被眼前的黑暗和恐懼感所俘虜過的。

名演說家威廉・布來恩是累積多年經驗的資深者，但他當初在眾人面前演說時，也是兩腳直打顫的。

美國作家馬克・吐溫據說一上講台，口中便像塞滿棉花，心臟狂跳。

連格蘭特將軍起初在聽眾面前也不知怎麼竟自認爲患上脊髓病。

法國出生的名演說家喬雷斯，成為議員後的一年裡，無論如何也不敢開口，只是蜷縮在議場的角落裡。

英國政治家路易．喬治說：「我當初在民眾面前演說時，說實在的非常悲慘，即使想照本宣科都不行，因為嘴巴動彈不得啊！連開頭第一句話都說不出口。」

十九世紀英國聞名的政治家約翰．布萊特，他的處女演說是在村裡的學校，以幾個村民為對象的。

去演講的途中，他一邊走著，一邊害怕得不得了，聽說還拜託一起去的同伴說：「若我停頓下來，請馬上拍手給我勇氣。」

愛爾蘭偉大的領導者查理斯．內帕爾，以演說知名於世，據說當初他也是「一上台就完了」的人。因過於激動，有好幾次都要緊握拳頭，甚至咬破指頭而流血。

英國首相狄斯雷里，最初在下議院演說時，據說他寧可率兵去衝鋒陷陣，也不願作這一場演說。當然，演講是失敗了。

事實上——著名的演說家，每個人的處女演說都是失敗的居多。

也許正因爲如此，如果首次演說很成功的人，反被認爲是無法成大器的人。所以，即使當眾說話很困難，也不可以洩氣。

我看到很多人演講進步的過程，是循序漸進的。所以，剛開始時即使表現得不沈著，後來也都可以漸入佳境，以至令人滿意。

在面對二、三十人的小型企業會議中，說話這件事是負有責任的。

不朽的辯論家基可洛早在二千年前就已經看出，公開演講的價值在於使說話者的說服力日益精進。

不敢當眾開口的恐懼症不只發生在講台上，在麥克風之前也是有的，我們姑且稱之爲「麥克風恐懼症」吧。

超級巨星卓別林曾說：多年來早已習慣了面對觀眾的舞台生涯，但只要一進隔音裝置齊全的錄音室，感覺上就如漂流在狂濤巨浪中的小船，連胃都覺得咕嚕咕嚕地叫個不停……

在這兒，我們來談談偉大的林肯總統的故事。

據熟知他的人這麼說：「剛開始演講時的他，非常不圓滑，總是無法自然地把自己融入周圍的氣氛中。因爲必須和畏懼、靦腆的性格做鬥爭，結果反變得更不自然。我一直很同情這樣的林肯——

尖銳刺耳的聲音說不上動聽，他的言行、態度、黝黑的臉、又皺又乾的皮膚……有很多不利於站在台上的特徵。但隨著說話的進步，整個人也煥發出穩重、溫文、誠實的韻味，而這成了他獨特、優越的演講。」

我想各位一開始的經驗，必定和林肯一樣的吧！

爲了能夠使演講進步，我舉下列四個重點來說明。

1 想變得會說話

爲鼓起學習的熱誠，請預估變得會說話的好處吧——變得會說話以後的你，能夠獲得朋友、影響力大增、指揮領導皆能得心應手……或許還會有超乎你想像的成果！

想變得會說話，大概是每一個受過教育的人心中都有的渴望。

美國的鋼鐵大王安德魯·卡內基死後，在他的遺物中發現了他三十三歲時所作的人生計畫，其中提到在其後的努力中應該可以有五萬美元的收入，所以打算在三十五歲退休，再到牛津大學去讀書，並要特別致力於在大眾面前的說話方法……等等。

這是個意義深遠的小故事吧！

我已經旅遊過世界許多地方，也累積了各種經驗，若問我什麼事最得意時，我會毫不猶豫地這麼回答：「沒有比站在聽眾面前，使他們對你的意見頻頻點頭稱是，更令我滿足的了！」

這件事不但是我的驕傲，而且也使我感受到其中種種不可思議的魅力和驚喜。

「我在兩分鐘之前，即使被鞭打，也不願開口演說；但在兩分鐘後，即使要受槍斃，也不願就此結束演說。」——也有人如此地抒發感想。

無論什麼事，在努力的過程中，誰都會有不只一次的膽怯。當然就這樣一蹶不振的人也不在少數！所以，要經常考慮說話的種種意義和價值。

切記；惟有熱忱，才是導向最後勝利的重要關鍵。

固定每個星期日必讀這一頁，主要是整理你自己向上的條件，盡可能把自己置於無可退卻的絕境。總之，要有「背水一戰」的覺悟！

羅馬大將凱撒率領軍隊橫渡杜巴海峽，登陸（現在的）英國時，為了贏得勝利，做了多麼巧妙的事——他命令士兵們駐足在杜巴海峽的岩壁上，俯瞰自己的船在七百公尺下的海上竟一艘也不剩地被火紅的火焰包圍。也就是說，他們和大陸最後的連繫已斷裂，除了前進、征服以外，再沒有其他的退路了。

當然，這次作戰是報捷了。所謂「永恆的凱撒氣魄」，就是如此。

你所面對的「敵人」是什麼呢？想必是面對聽眾的恐懼感吧，你不妨也學習一下「凱撒的氣魄」吧！

2 預先擬好計畫

演說之前，如果不**預先擬好計畫**，當你站到群眾面前，必將感到手足無措；因為這就像一個盲人在領導一群盲人，不免要感到生疏、懊悔以及羞愧了。

老羅斯福總統在他的自傳中這樣的寫著：

「在一八八一年秋天，我被選為參議員的時候，發覺我是議員中最年輕的，我像一切年輕人以及所有當選的議員一樣，對於講話很感痛苦。後來我在一位固執的老鄉那裡得到了很大的教益——他對威靈頓公爵和別人都曾有過批評，他有一句忠言是：『沈默吧！除非你感到確實有話要說，而且還抓住了聽眾心理，能讓他們贊同你的意見，一旦你講完了，就坐下來。』」

這位固執的老鄉，應該也把克服恐懼的方法教給老羅斯福，他應加上這麼一段話：

「如果你在聽眾面前能夠找到一些事情做，這就可以幫助你放鬆自己。例如，在黑板上寫幾個字，或是在地圖上指出一處地方，或是搬動一下桌子、打開一下窗子、移動一下書籍或是報紙——不論你採用那一種動作，只要能夠帶著一些用意，都可以使你感覺到自然一些。」

這種紓解的機會，不是容易找到的。然而，這確實是一個很好的建議，如果你能夠使用的時候，不妨使用一下，但是只可用在最初的幾次。

3 勇敢說出來

美國名心理學家威廉・詹姆斯，曾說過下面一段話：

「動作好像是順著感覺的，但實際上動作和感覺是同時發生的，所以我們當直接用意志去調節動作，這時連不由意志直接指揮的『感覺』，也被間接地糾正了。如果我們情緒低落，唯一的恢復方法，便是快活的站起來主動說話，愉快就如同和我們相處在一起了。如果連這辦法都不能奏效，那便不再有別的方法了。所以，當我們感覺到勇敢時，我們就會真的變得勇氣十足。用我們整個的意志去擁抱目的，是使你的勇敢能代替懼怕的唯一途徑。」

你應該用詹姆斯教授的忠告，對你的聽眾發揮你的勇氣。不過，若無事前充分的準備，光靠演技也是不可靠的。假如你要講一些什麼，你已經充分想好了，就該勇敢站出來，在面對聽眾之前，應該先做三十秒的深呼吸；因爲多吸一些氧氣，可以增加不少精神和勇氣。著名的高音歌手琴德・雷斯克說：你吸足了氣，你便能支持住自己，慌亂的心緒也就消逝無蹤了。

你挺直脊梁，目視前方，很自信的面對你的聽眾開始講話。你想像聽眾們都欠了你的錢，現在聚集著請求你再多放一些錢。這種心理上的排練，對你是很有效的。

千萬不要忸怩地解開或是扣上你的鈕扣，或是揉著雙手。這種不自然的動作萬一不能免的話，你不妨把手放到背後去扭手指；因爲那裡是沒有人看到的——再不然，你不妨在鞋子中動動你的腳趾也好。

一般來說，演說者站在桌椅的後面是不對的；但在最初的一兩分鐘，你緊抓住桌椅，這樣可以使你生出些勇氣來，所以，在最初的一兩分鐘，如無桌椅可抓，則手中不妨緊握一枚錢幣。

老羅斯福在當年是怎樣發展他特殊的勇氣和自信的呢？難道他冒險和大膽的精神是天生的嗎？不，絕對不是。他是怎樣改變的呢？他寫道：

「孩提的時候，我對馬烈特的故事很有興趣，其中有一則給我印象最深。這故事講的是一位英國某艦的艦長，教海上的戰士們怎樣去養成一種凡事無所畏怯的精神，他說，在開戰之初每個人都會感到懼怕，但是，先使他們個個都把持住自己，裝出一點也不怕的樣子，這樣，時候一久，戰士們竟由假的不怕而變成為真的不怕了。起切看不見的勇氣都奇蹟似地浮現了。

「起初，對我而言，害怕的對象無窮無盡，從大狗到一匹平常的馬，或是手槍射擊，我都會感到害怕；但是後來我裝作不怕，慢慢地也真的不怕了。假如能這樣做，大家都能得到這種好處。」

如果你也用這種方法來訓練你的演說，自然也可以得到這些效果的。

法國的佛西大將說：「戰爭中最好的防守——就是進攻。」

因此，你就不能錯過走出去和它抗爭而把它克服的大好機會。

你可以想像你身負重任，想像你是一位被派往某地送信的信差。人家注意的是這封信的內容，並不是傳達的信差。這是一件十分重要的東西，你應該把整個的心思傾注上去。就如同你必先對你要表達的內容了解得十分透澈後，然後用自信的口氣傳達出來，這樣一來，你就不難把握自己了。

4 不斷地練習

這裡所要說的最重要的一點，即使你把最前面的話全忘掉，但是這一點是萬萬不可忘掉的。這就是你作好演說的第一個方法，也就是最後的方法，而且是永遠不會失敗的方法。一句話，就是「**練習、練習、不斷地練習！**」——這是成功唯一不可或缺的條件。

羅斯福說：「每一個新手，常常都有一種恐慌病，恐慌病並不是膽小，而是一種過度的精神緊張。初次站在許多聽眾的面前講話，正像突然見到一隻牡鹿，或是首次走上戰場，這種人所需要的不是勇氣而是冷靜。

「這是可以從練習中得來的，他必須要用習慣和反覆的練習來克服這毛病，好使他的腦子，可以完全受他的指揮，如果他是具有潛能的，那麼，每一次的練習，便能增加一次的能力。」

所以，練習必須要持之有恆！切不可懈息和輕忽。

你想把面對聽眾的恐懼心加以泯除嗎？那麼我們再來看看恐懼的原因在哪裡。

羅賓遜教授在他的《精神的形成》一書上曾說：「恐懼，乃是無知和猶豫不決的產物。」換句話說，就是缺乏自信的結果。

所以，如果你有一些成功的經驗記錄在心裡，那你的恐懼，自然會像夜霧被日光驅散一樣的煙消霧散。

爲了要會游泳，你就要跳進水裡去。你讀了本書已經有好幾頁了，暫時把書擱在一旁，做一些實際的演說吧！你把自己所知道的問題，選擇一個作出三分鐘的演說，你事先私下練習幾遍，然後，盡你所能的去講給眾人或你同班的同學聽。

備忘錄

一、我們學習演說的目的，在於培養自信和勇氣，好成為真正的領袖。

二、與其以一個人為對象，不如當眾演說較能出現好的想法。因為大庭廣眾下的刺激較大，因而靈感也將源源不斷。

三、要成為優秀的演說家，須具備以下要件——成為演說家的強烈欲望、事前的充分準備、篤定的信心、不斷地練習。

第二章 充足的準備

多年來，筆者的職業、責任和興趣，便是每年或每季傾聽或是批評數千人的演說。這些演說者不是大學生，而是成年的商人和社會人士。

作者在這些經驗中印象最深的，就是演說之前應當有充分的預備，使要說的話確切而明瞭，並避免說些令人不快的話，這樣便能吸引聽眾，使他們覺得你有一些有價值的東西要急於灌輸到他們的腦海中去。這是演說者成功的秘訣。

如果一位演說的人，他有這樣的魔力，那他就可以發現一件事實，就是他所要講的話，沒有什麼拘束地，如活水般輕易而自然地噴湧出來。

預備充足的一篇演說，等於成功了十之八九。大家想要學習演說的主要原因，就是上一章所說的，是想獲得一些自信和勇氣；常犯的毛病，就是忽略了演說之前的預備功夫。

沒有預備而敢登台演說，無異是帶了空的槍械或是潮濕的彈藥，甚至赤手空拳地奔赴戰場，這怎麼能克服恐懼和心慌呢？

林肯總統曾經在白宮中說：「我相信，不論我到了多大的年齡，如果站在人家面前無話可說時，一定會感覺到十分窘迫的。」

如果你想得到堅定的自信，那就應該去做一種養成自信且堅強的事。聖經裡也有句話：「真的喜悅，可以驅除恐懼。」——完善的預備也是這樣的。

韋伯斯特說：「如果只有一半的預備就去登台演說，便感覺像是半裸著身體站立在眾人之前。」

想學習演說這門功課的人，為什麼不去**充分的多作預備**呢？

有些人不知道預備是什麼，而且也不知道怎樣才是聰明的預備。有人說是因為沒有時間，所以我們在本章中，把這問題詳細的討論一下。

1 充足的準備法

什麼叫做預備？念一本書嗎？當然，這也是預備的一種。但不是最好的。念書對於自己的演說資料確實是有所幫助，然而，一個人從書本上去採取一大堆「罐頭」思想，能原封不動地去講給別人聽嗎？也許一般聽眾們並不知道缺點是什麼，但是他們對演說者是不會產生共鳴的。

好幾年前，作者曾爲紐約市銀行界的高級職員開辦過一個公開的演說班。這班人都是大忙人，不會有充分的預備時間；他們有他們自己的生活，有獨自的經驗和見解，他們的演說資料已經累積了四十年，然而他們有些人竟不曾覺察到這一點。

這一班的上課時間，是每星期五的下午五時至七時。有一次，某銀行的傑克遜先生在四點半的時候，知道今天在班上輪到他要講一些什麼了。

他走出辦公室，在報攤上買了一本經濟雜誌，就在路上翻閱雜誌中的一篇文章〈你只有十年的成功時間〉。他並不是感覺到這一篇文章有趣味而去讀的，而是爲了今天必須要講一些話，而不得不去找一些資料。

一小時後，他便站起來把這篇文章的內容，試圖用具有說服力的方式對大家演說。

結果怎麼樣呢？他不曾把握這報導的內容、不曾把文章融會成他要說的話，雖然他在神情和聲調上努力，但在他腦海中並不曾有真正需要講出來的東西，這怎麼能夠希望聽眾比他自己所得的印象更深呢？

於是，筆者就對他說：「傑克遜先生，寫這篇文章的人並不在這裡，而且我們也不認識他，所以我們對這篇文章並不感到興味，我們所關心的還是你——傑克遜先生的意見，你爲什麼不把這個題目留在下星期講，把這篇文章再讀一遍，問你自己是否真的同意這位作者的見解呢？如果確是同意，請你用自己的經驗來代他印證；如果不同意的話，那請你講出原因，把這篇文章作爲你自己發表演說的開端。」

傑克遜先生接受了這個建議，他把那篇文章重新讀了一遍，覺得自己並不贊同那位作者的看法。於是他讓自己的意見儘量的發揮；他在看報的時候，又得到了幾個意見的啓示；和朋友談論到這一個問題，又有新發現湧到腦海裡。一星期內他挖掘得愈多？他可說的話也愈多了。

下一次他站起來講這個題目的時候，他就有了自己的東西。這是從他自己的礦坑裡開採出來的礦產，用他自己的原料製成的產品。他所以能夠講得很好，這完全是他和那篇文章的意見相反而激起的成功。

2 真實的經驗

同一個人，在兩星期內講同一個題目，竟會說出兩種相反的話來，這真是令人不敢置信！

再來舉一個例子，表明一下怎樣要做和不要怎樣做。

我在華盛頓開辦演說班的時候，有一位叫做法蘭克的學員。有一天下午，他在演講的時候，想把華盛頓的美景大加稱讚一番。於是他從明星晚報刊出的一本遊覽指南上，急就章的蒐集了一些枯燥的資料，這些是既無味、也不聯貫而且未曾消化的東西。他不曾好好想一下題目，而且也不能顯出他的熱忱，他不知道所講的話是否值得一講。結果，這一場演說，當然是在平淡乏味中草草收場。

過了兩星期，有一件事觸動了法蘭克的靈感，那就是他的車子在公共停車場被偷了，他立刻報案，然而沒有結果，警察局自認爲對這樁竊案已經盡了力。

可是，就在一星期前，有好幾位警察在街上閒散著，手裡拿著粉筆，因爲法蘭克的汽車多停了十五分鐘，所以一定要他罰款，這些不怕惹怒善良公民又無力捕捉竊犯的「人民保姆」，可真是把法蘭克給惹惱了，他不能再抑住憤怒，所以他有了可說的資料，不再只從晚報中去找死資料，而是他的**生活經驗中活生生的話題**。

這樣的演說差不多人人都會，而且是不大會失敗的，因爲這是由真實的經驗，再加上了深思的緣故。

3 選擇最能引起興趣的

預備一篇演說，是不是把一些沒有錯誤的詞句完全寫出來，或是完全牢牢記住呢？

不是的！

那麼，預備一篇演說，就是連結一些不足以表達你自己的偶然的想法嗎？

也不是！

一篇預備充分的演說，一定是**貫通了你的意見、信念和努力**。

這些想法和努力是你本來就具有的，你每天醒著的時候，在想這個問題，你睡著的時候，甚至會出現在你的夢境，整個的你都存有這樣的情感和經驗；而且深藏在你的潛意識中堅如磐石。所以預備演說的意義，就是去思想、斟酌、回憶——並且**選擇最能引起你興趣的來加以分析歸納，塑造成一個新型態，成為你自己的作品**。

這是很容易的嗎？是的！在一種目標上集中注意和思想，並不困難。

十九世紀的傳教家脫維特．姆迪，你如問他怎樣預備演說，他必回答：

「我沒有什麼秘訣。」

他除了這麼一個簡單的回答之外，還有一段比較詳細的話，他說：

「我選定一個題目，把它寫在一個大信封上。這樣的信封我有好多，讀書的時候，如果碰到可以作爲將來參考的好資料，就加上適當的題目，寫在那個大信封上。這些資料，說不定存放了一兩年不用，但是，當我要講道的時候，我就可以拿出我所蒐集的資料。這些資料和我自己的研究已經夠我作爲講道的資料了。許多年來我在講道的時候，從這裡取一些，那裡拿一些，這些資料就這樣源源不絕、永不匱乏。」

4 講道的藝術

幾年前，耶魯大學神學院成立百年的紀念大會上，該校的主任伯朗博士作了幾次演講，專門講述「講道的藝術」，後來紐約麥克蘭書局，把這些演講辭印成專書，書名就訂爲《講道的藝術》。

伯朗博士除了每星期要預備他的演說之外，並且還要訓練演說人才，這種經驗已長達三十多年的歷史了。因此，以他的地位，對於這個題目，只要作一個經驗報告就行了，任何人只要照著去做就可獲得成效。現在我把他對演講的秘訣，公開一下——

——深深地**思考你演講的題目和內容**，一直想到融會貫通。於是，你就可以製造出一套新的意思，像孵育成熟的蛋，那秘密化育的生命訊息便呼之欲出。

——如果，你思想的步驟，能夠**經歷多一些的時間**——不要到了星期六才去預備星期日的證道辭那就更好。一個牧師，如果他的心裡有一種真理保持過一個月、半年、甚至一年，在講演之前，他又會發現一些新意義從那個真理產生出來。

——也許你在晚上才會深深思想。做牧師的人，最好要養成睡在床上的時候去預備明天的證道辭。有時候，在深夜裡我從床上爬起來，只爲了把當時湧現的靈感寫下來，因爲到了明天早晨怕會忘掉。

——當你搜尋預備講道的資料時，把你對那題目所有知道的資料和你最初選取那段經文時所懂得的，以及你腦海中所有聯想到的意思全寫下來。

——寫下你所有的意思，只要幾個能夠固定你的意思的文字，並且時時在你的心中思索更多的意見，這便是「提高生產力」的訓練方法。你可以用這種方法，使你智力常常保持著創新的地步。

——把你不假外求而自己思索出來的意見記住，因爲這是對於你智慧的開拓，比寶石和黃金還要可貴。你把你的意見記錄在手頭的紙片、舊信箋、舊信封等廢紙上，比寫在特備的上等記事紙上要好得多，這並不只是合於經濟，就是將來整理時也可以感到很多的方便。

——凡是湧上心頭的意思，你必須隨時記下，而且用心細思。這樣重要的智力，你是有權可以去處理的，因爲這種方法，是可以使你精神、心智成長的方法。

——你會發現你認爲最滿意的講道，多半是從你的內心所發出來的；因爲這樣像是你自己的血肉，它是你自己的精神產物——自然、有力、而且感人。

5 林肯的演說

林肯在當時是怎樣預備他的演說呢？

如果你讀到林肯所用的方法時，你會發覺他在三十多年前就用過伯朗博士所介紹的幾種預備演說的步驟了。

林肯最著名的演說之一，就是他用了預言口氣所說的：「『一間內部自己分裂了的房子是會傾倒的！』我相信，在這個造成半人半奴的政府之下，自由決不能持久。」

林肯這一段演說的緣起，是他在平常工作的時候、吃飯的時候、走路的時候——他一直推敲著他的演說，大步地前進，竟沒能感覺到他的兒子就在他身旁。

在推敲的過程中，他隨時把意見抄錄在小紙片或是在手頭的東西，再把這些東西暫時放在他的帽子裡，到了有空的時候，再拿出來加以整理，以備正式發表。

一八五八年作政治辯論的時候，參議員道格拉斯不論走到什麼地方都講那一套話，而林肯卻是隨時在推敲，後來他竟覺得很輕易地可以每天作一篇不同的新演說了，在他的心中，演說的題材永遠在擴大增長。

當他將要入主白宮的時候，就拿了三篇演說稿和一部憲法，把自己關進春田市某家熟人開的商店後面的一間小屋中，摒棄一切的雜務，專心蒐集參考資料，寫成他就職大總統的演說。

他又怎樣預備他出席紀念蓋茲堡戰役的演說呢？這件事可惜有許多錯誤

的傳說，但確實的故事，也是很奇特的。

當蓋茲堡烈士公墓委員會決定正式公祭日期後，便請那位曾任波士頓議員、哈佛大學校長、麻薩諸塞州州長、參議員、駐英公使、國務卿，並且還被公認爲雄辯家的艾佛雷特致辭。

公祭典禮原訂於十月二日至三日（一八三八年）舉行，因爲艾佛雷特作了很聰明的表示，說是在這樣短促的日期中預備不好，於是特地改期，決定延至十一月十九日舉行，這差不多給他一個月的預備了。

其間艾氏特地到蓋茲堡去親自視察當年的戰場，藉以獲取更深的印象。這真是最聰明的預備方法了。

大總統、閣員以及全體的國會議員分別收到柬帖，邀請出席參加典禮。他們大半都謝絕了，而林肯總統卻答允參加，這使公祭委員會感到非常驚異。因爲，他們應該請總統演說嗎？而他們原先不想請總統演說的。於是意見不一，悲觀的人怕總統來不及預備，有的說他即使來得及預備，也未必會答應演說；因爲他對解放黑奴的辯論雖然很精彩，但沒有人曾經聽過他的獻辭。

這是一個莊嚴的儀式，所以他們不能有所疏失。到底應不應該請他演說呢?他們一直猶豫不決。

最後，在典禮前的兩星期，他們再補發一張請柬給林肯總統，請他屆時「說幾句適當的話」——「說幾句適當的話」，他們給美國大總統的柬帖竟是這樣的寫法!

接受邀請的林肯就馬上開始預備他的演說，他首先寫信去向艾佛雷特要一份艾氏準備發表的演說稿。

一兩天之後到某照相館去照相時，他的手裡還拿著艾氏的演說稿，趁照相空閒的時候閱讀。他把自己的演說稿仔細推敲了好幾天——他往返於白宮到陸軍總部路上的時候在想，躺在陸軍總部皮椅上深夜候著電報的時候也還在想，他總是把它放在高禮帽中隨身帶著。

舉行典禮的前夕，他就到了蓋茲堡。這一個小小的城鎮早已被遠道而來的人擠得水洩不通，平常的人口是一千二百人，現在竟達到了一萬五千人。髒亂的街道上充滿了遊客，幾乎阻斷了交通。軍樂齊奏，無數的市民隨之歡唱，大家都聚集在林肯所寄住的史密斯家的門前。

他們為林肯奏樂，熱情地請他演說，但他只簡單的表示，說不到明天早晨不想說話。事實上，他正好又利用那天晚上把他的演說再行預習一遍呢。翌晨，吃過了早餐，一直到衛兵進來請他加入閱兵的行列之前，他還是在繼續預習他的演說。

耶穌講道，當年又是怎樣預備的呢？他遠離人群、獨赴曠野、節食靜思了四十晝夜。馬太福音上說：「從那時候起，耶穌基督就開始傳道。」不久，他就講出了永垂不朽的「登寶山訓」。

你讀了上述的許多故事，說不定會說：「這些固然很有趣，但他們都是名垂不朽的大演說家，我只希望能夠在自己的業務上作一些簡短的演說而已。」是的，你的需要我完全明白，本書就是預備幫助你，以及達到你們所希望的。無論你演說的規模如何，林肯和耶穌的方法，對你一定有效。

6 如何決定你的主題

開始練習演說的時候，應當選擇什麼主題？

我的回答是，**凡是你感到興趣的都可以講**。一般初學者最易犯的毛病就是在一篇短短的演說中，要把所有的資料都涵蓋進去。其實在一個題目之下，只要有一兩個切題的論點就夠了，然後再在這些論點上下功夫，就是再好不過的了。

最好早一點選定你的題目，這樣，你就可以有充分的時間去預備。你日夜的想著，就是睡了也要夜有所夢才好，睡前和清晨醒來，第一件事就是想你的演說。

比方，你選取了一個「離婚」的題目，你就可以問問自己：到底離婚的形成爲何？離婚所帶來的影響如何？經濟上的影響爲何？社會上的影響爲何？家庭生活的影響爲何？有關離婚的法律合理嗎？不輕言離婚好呢？還是勇於面對好呢？

要是你能夠很清楚的一面想、一面向大眾講兩三分鐘，這便是你初期練習的好成績了。比方像「爲什麼要學習演說」這類題目是十分容易的，當你預備時，把你的資料選擇而剪裁一番，把你自己的經驗、觀察都充分想到。

又如，以你現在的職業作爲題目，你將怎樣去預備呢？題目一扯上工作，你必定有充足的資料，問題只在於你怎樣去裁切取捨而已。決不可妄想在三分鐘之內把你一切的思想都說完了，那是做不到的，因爲那太粗疏零亂。你只要從題目的一個點去引申就得了。

例如，你不妨談談你就職的經過，是偶然的還是慎加選擇的？談談你當初的奮鬥、失敗以及希望、成功，只要你誠實地講出自身的經歷，那便是一篇動人的演說了。

你也可以從另一方面來談談，像有些什麼困難？倘若有一個青年有意走進這一行，你將貢獻一些什麼意見，或者在不傷害人的原則下談談和你接觸的人，他們的態度，誰是誠懇的？誰是傲慢的？從你和人家接觸而發現的人類天性是些什麼？都是十分有趣的。這主題所探討的並不是技術層面的事情，而是經由工作管道來探討「人的本性」，像這樣的演說，很少會失敗。

你說的話，最好要舉出實例，切不可弄成了空洞的說教，因爲那是會令人討厭的。而且真實的事情比抽象的概念來得容易記憶，還可以增進你的演說能力。

有些人講話，犯了一個共同的毛病：都是只講他自己感到興趣的事。

其實，他也應該關心聽眾的利益。像一位火險公司職員，他不應該告訴別人預防火險的方法嗎？一位銀行家，他不須要去指示人家理財和投資的方法嗎？

在預備演說資料的同時，你對聽眾必須加以研究，如果你會想到他們所需要的，那你就成功了一半。

7 充實演說能力

「我種植了幾十萬株預備做標本的植物，但是，只選取特別優良的一兩株，其餘的都拋棄了。」這是美國大植物學家巴比克在逝世前夕說的話。

一篇好演說的預備也是如此，蒐集一百件的意見和思想後，要拋去不大良好的九十件。

蒐集使用不了的資料，爲的是增加你的自信心，使你演講時心中篤定而有把握，講話的態度自然而大方。

亞桑當說這是預備演講的重要基本原則。演講者不論是作公開的或是私人的演說，對於這一點萬萬不可忽略了。他說——

「我曾經訓練過幾千位售貨員。我發現他們最大的弱點，就是他們不明白在推銷某種貨品之前，對於某種貨品的知識都應該有一個完整的了解。

「許多走進我辦公室的售貨員，學會了幾句對於某商品的一些說明和推銷口訣後，便急急地要奔赴市場，像這樣的推銷員，大都不會工作到一個星期，更糟的是做不到兩天。在訓練食品售貨員的時候，我曾刻意把他們造就成為食品專家，所以強迫他們去讀美國農業部印製的食品表，要他們知道某種食品所含的水分、蛋白質、脂肪等的成份有多少。我讓他們知道他們去推銷的某種貨品的結構本質是什麼？我讓他們進幾天學校，而且接受測驗。我再讓他們把貨品販售給其他推銷員，我還加以獎賞最優秀的推銷員。

「在這些預備階段，我發覺他們大都老早就不耐煩了。他們說：雜貨店的老闆太忙了，而且我們也沒有閒功夫去向他們講食品成分這一套，即使講了，他們也是不愛聽的。而即使聽了，他們也是不懂的。我的答覆就是你不要為了買主的利益而學這一些，你應當為你自己的利益去著想。因為對專業知識的全盤了解，能使你更自信、更積極。」

美孚石油公司的阿伊達・達梅女士，在幾年前對作者講她自己在巴黎的時候，麥克魯雜誌的主辦人麥先生曾經給她一個電報，請她寫一篇關於大西洋海底電訊的短文，她因此特地到倫敦去拜訪歐洲重要海底電訊公司的經理，以便蒐集資料，然而她還不肯就此罷休，而想再多得一些，預備作爲補充之用，所以又到英國博物館裡去參觀展覽的各種電訊，再讀海底電訊發展史的書籍，甚至再親往倫敦郊外的工廠中，去看海底電訊建造的步驟。

爲什麼她要蒐集這樣豐富的資料呢？因爲，這些可以給她更充足的力量。她知道有了備而不用的資料，可以使發表出來的文章，格外有聲有色又有力道！

安德魯凱泰爾前後曾對三千萬人演說過，但他近來向我承認，他在演說後回家的途中，如果因漏說了某段話而苦惱的話，他便認定這次的演說是失敗了。因爲，根據他的經驗，知道一個特別有價值的演說，必定有著豐富的準備資料。這豐富的程度，是需要演說者巧妙運用的。

也許有人要提出抗議來吧，說是沒有那樣充分的時間來預備，又有人想光靠自己的靈感去找一些話來講，又有人想在許多人陸續演說時，選擇前面所講的要點講出來，但這都不是可靠的辦法。你應該努力去找資料，當即來準備，千萬不要因循，依照本章的方法去做，一定會達到你預期的效果。

備忘錄

一、「有思想、不吐不快的演說，通常不會失敗。」事前充分的準備。等於是完成了演說的百分之九十。

二、選定了題目，寫在大信封上。碰到可參考的資料便歸入大信封。

三、多多蒐集資料、盡力思索以融會出新的思想，這是心的生產力。

四、演講之前，與講題有關的種種問題，都要像是該問題的專家一般，弄得一清二楚、無所不知。

第三章 名人的演說訣竅

有一次，我去參加紐約扶輪社的聚餐，席間預定由一位重要的政府官員演說。自然，他的崇高地位賦予他一種威信，我們都很樂意聽他演說。他答應和我們談談在任職機關的工作情形，這是每一位紐約商人都極想知道的。

當然，他對自己的題目可謂瞭若指掌，以至於在演說的時候，可以很專業的說出來；可是，他卻不曾把他的演說計畫一下——他對資料沒有加以取捨和剪裁；並且光憑著一股勇氣，不顧一切地開始演說，話題沒目標地只是一味的向前亂闖。

他的心中是一片混亂，所以給我們的知識饗宴，也只是一次胡亂的雜

拌。好像是先給我們一杯冰淇淋，然後再來一盤湯，接著來了魚和水果；又好像給了我們一種湯加冰淇淋加薰魚的大雜燴，我不論在什麼地方和什麼時候都不曾見到這樣差勁的演說家。

他原想在席間做篇一鳴驚人的即興演說，然而現在絕望了。他從衣袋裡取出一卷演說稿，雖然沒有人問到他和演說稿的關係，但他先承認這是他的秘書代寫的。

這演說稿也是雜亂無章的東西，就如同用一堆廢鐵造成的鐵路一樣。所以他茫無頭緒的翻閱演說稿，想在這一個深山中去求得一條出路。

這位仁兄一面這樣做，一面又想說話，但是做不到，所以只好狼狽不堪地向大家道歉，要了一杯水喝，想借此救急一下，他的手顫動著舉杯喝了口水，說了幾句更是零亂不堪的話，又重複著翻他的演說稿。時間一分一秒的過去，他也顯出更無助、更狼狽、更慌亂、更窘迫的情態。

他急得額冒冷汗，顫顫然地拿出手帕來擦拭。做聽眾的我們，眼看著他這樣的慘敗而激起了同情心，所以我們的情緒也隨之不安了。他的固執勝過了他的聰明，所以並不因此而停止他的演講，他一面比手畫腳，一面還是翻著演說稿，向眾人道歉和喝水。每一位聽眾都可以預見一敗塗地的悲劇結局。

最後，他總算下台一鞠躬。我們也拚命鼓掌，胸中那塊巨石終算落了下來。我從來不曾做過這樣不安的聽眾，也從來不曾見過這樣狼狽不堪的演說家。他那一次演說，正像盧騷下筆寫情書時的不安心情一樣——不知道要講些什麼，竟貿然的開口了；而講完之後，還是不曾知道講了些什麼。

這段故事的教訓就是：「**一個人的思想沒有條理的時候，那麼，他擁有的知識愈多，思想也愈混亂。**」——這是**哈巴德．史賓塞**的一句名言。

沒有計畫的造屋，不是腦筋清醒的人會幹的，那又怎麼能在一些大綱或是程序都沒有擬定時，便貿然開始演說了呢？一篇演說，就等於一段有目的的航程，非有預定擬定好的航行圖表不可。

我希望在世界各地的演說訓練班門口，都能夠把拿破崙的「打仗是藝術也是科學，非經精籌熟慮，絕對不會成功！」這句名言，做成霓虹燈的大廣告來警惕大家。

演說和射擊一樣。然而，演說的人能夠懂得這一點嗎？即使懂得，是不是都能夠照著去做？我不敢說你們會這樣去做。一連串意見，要如何把它裁剪成最美好的形狀呢？在沒有把這一串意見研究明白之前，是沒有人能夠曉得的。它永遠是每位演說者都要問的一個新問題，我們雖然沒有絕對的規則，但都可以用具體的例子，來表明什麼是有條理的排列。

1 康威爾博士的演說計畫

著名傳道家康威爾博士是《遍地黃金（Acres of Diamonds）》的作者，他說他的許多演說辭的整理，大致是根據下面的方案：

1. 先把事實講出來。
2. 再把這些事實作為出發點，當成辯論的根據。
3. 勸人們去實行。

學習演說的人，對於這個方案，大多感到很有用，而且還具有一種刺激作用。

1. 先指出幾個錯誤。
2. 然後再說出怎樣可以去補救錯誤。

3. 請求聽眾的協助。

或者換一種說法：

1. 這裡有一種狀態需改善。
2. 我們對這狀態應該「如此這般……」來補救。
3. 因爲種種的理由，你是應該幫助的。

將其方法濃縮爲下列幾項要點——

1. 引發聽眾的興趣。
2. 取得聽眾的信任。
3. 舉出你熟知的實例，並詳細陳述你提案的優點。
4. 請人們務必去實行。

2 公開演說術

畢佛雷齊是美國參議院的議員，他寫過一本《公開演說術》，極其簡潔實用。這位大政治家說：

「演說者必須對自己的題目很有把握，就是把所有的事實都蒐集起來，然後再加以整理、研究而使它消化。不只是採取單方面的資料，各方面的資料都要蒐羅、採集，並且這些資料都得是確切的事實，不是臆測或是未曾證實的推想，對於資料不可不分青紅皂白地全盤接受。

「每項事情都要加以證實，這得經過勞心勞力的探究；但是，你非如此不可，除非你不想使你說的話成爲一種權威。把一切事實加以整理後，你必須自己去想解決的方法，那你的演說才會富有獨創性和個人特色，因此也才有你的力量和精神在裡面。然後，你可以把你的意見，盡量明白而合理的寫出來。」

總之，要先提出各方面的事實，然後再找出確切的結論來。

當威爾遜總統被詢及演說的方法時，他回答：「我起初把要講的題材都寫在一張紙上，再把它們列成自然的順序——就是以這些事實做骨幹來加以組織，然後再用速記寫出來，我嗜用速記法，因應需要與方便。寫完之後，我再用打字機打出，同時再修飾詞句和評估。」

老羅斯福總統預備演說的方法，又是自成一格的——他挖掘了一切的事實，然後再重新過目、逐一評價、去蕪存菁、提出結論，並且感覺自己的結論是確切而不可動搖的。然後他再把一疊打字紙放在前面，一面唸一面很快的打字，因是由流利的口述撰成，所以格外生動活潑。之後他把打字的稿子再讀一遍，用鉛筆做好記號，加以增減，再打成一篇清樣。

他曾說：「我一切的成就，都是事前殫精竭慮、周密計畫得來的。」

他常常請批評家聽他讀演說稿，他不去和人家爭辯——因爲他的論點已經堅定而不許再變更了。他需要的是別人告訴他應該怎樣說，而不是說些什麼。他一再在打字機上把他的演說稿增刪潤飾，然後送到報紙上去發表。當然，他並未把他的演說辭完全背誦下來，所以他實際講出來的常和演說稿有些出入。但是，他的預備方法是十分可取的，因爲經由這樣的準備，他已對自己的資料十分熟悉，這比用別種方法更能把握住演說的內容，結果就使得演說流暢而具親和力，這是種歷經幾番琢磨所閃現的光采。

奧立佛．羅基男爵是英國的大物理學家，他曾對我高聲述說他的講辭。像是對著聽眾一般，結果竟發現這是一種最好的預備和練習方法，許多受筆者訓練的人，他們用這種方法都獲得了很大的利益。當然，錄音機的使用也不失為一個方便有效的方法。

把你所有的資料都寫出來，可以使你去思想，使你的意思清楚，使你的記憶鮮明，減少你心上的猶豫，改善你的修辭。

3 如何整理講稿

前面我曾建議你作備忘卡——將各種想法、實例儘量彙集後，整理成小抄。這時你不妨把它們當作遊戲，先分成有關係的各組，各組可以代表你打算要講的重點，你再把它們仔細分成小組，然後再加以淘汰，去蕪存菁。

一個好的演說家，必須不停地修正他的演說稿，直到發表時——甚至講完之後，他還要想某幾點應當怎樣修改，才能講得更好。

一個優秀的演說家，結束了他的演說後，會察覺到他的演說蘊涵四部分：一、是預備的，二、是實際演講的，三、是報紙雜誌刊載的，四、是歸途中想到要怎樣修改的。

林肯原是一位善於即席發表的演說家，但入主白宮之後，不論是公開演講或是對僚屬的普通談話，都事先把要講的話寫出來。像就職總統的演說，當然是頗費周章的；因爲那是歷史性的重要言論，自然不允許隨意的發揮。

但他在伊利諾州的時候，卻不曾用過演說稿。他說：「演說時看草稿，聽眾會反感的。」

確實，當你拿著演說稿時，會阻礙你和聽眾之間可貴的溝通，而且會弄成一種做作的氣氛，使聽眾感受不到你應有的信心和充沛的力量。

我再說一遍，在預備的時候，應該要寫演說稿——精密而完備的綱要（在你練習演說的時候，可以隨時拿來參看）。但當你走上了演說台，面對著聽眾的時候，就不能隨時拿來參考了。當然，衣袋裡有著演說稿，也許會安心些，這正像火車上裝置著消防器一樣，是緊急時備用的，不到緊要關頭千萬不要用它。

如果非要用演說稿不可的話，那得寫得愈簡單愈好，用大字抄在大小適宜的紙片上，到演講的時候，設法把這紙片放在桌上的右上角或左上角，在緊要關頭時可以瞄一眼，但必須設法掩蓋你的弱點，使聽眾毫不覺察才好。

但是。通常在頭一次演說時，往往會十分驚恐，以致把他背得滾瓜爛熟的辭句，一下子忘個乾淨，不知從何說起，因此就急得滿頭大汗。像這樣的人，還是拿一份演說稿的好。不過，學步的小孩固然要扶牢桌椅，但學會之後，便不可再有所依賴了。

4 不要死背強記

「不要把演說稿逐字死記，因為那不但費時而且易於出錯。」

但是，也許有人為了安心起見，偏要去死背演說稿。這樣一來，當他站上講台，便會去思索所熟讀的演說辭句，這是向後的回憶而不是向前的思想——正好把人們心理的自然順序顛倒了。因此，在講台上所表現出來的只是生硬、冷澀而了無生趣。所以我勸你不要去做這種費時、費力又不討好的事。

你和別人對坐著，談一件買賣的時候，是否逐句記牢你要講的話？當然不是，你只要在心中記得主要的意思就可以了。同時不妨寫出幾條約略翻過的商業記錄，你可以對自己說：「我把這幾點提出來，是為了要做那件事的緣故。」然後，列舉出理由，引證實在的事例；當你預備普通的商業會談時，不就是這樣的嗎？那為什麼不用這種方法去預備演說呢？

當美國南北戰爭中，李將軍要求聯軍統帥格蘭特將軍寫出投降條件的時候，格蘭特將軍在他的回憶錄中寫道：「當我提筆之際，竟找不出寫條件的第一個字，我只知道我心裡有些想法，並且希望不出差錯地表達出來。」

其實，他根本不必知道第一個字應當是什麼字。當你有很多的意見、堅強的自信、極願意說而且希望明白說出的事情，那適當的字句便會不自覺的湧現——這情形是無論什麼人都一樣的。如果不相信的話，你可以走在街上，故意把一位清道夫推倒在地，當他爬起來的時候，必不難找出責罵你的適當字句。

拉丁詩人何廉斯在二千年前寫過這樣的名句——

不要去探尋字句，只要找尋事實和想法，

那麼，你想要的字句便自然會成群的湧現。

心裡有了堅實的思想，便可以從頭至尾預習你的演說了。你在等候水開或電梯的時候，可以在心裡默默地練習。或者你一個人關在屋子裡，也大可做出應有的姿態，熱情有勁的去演練。

你在練習的時候，不妨想像在你面前真的有聽眾，你要一直發揮你的想像，直到當真面對聽眾時，便大可從容應付了。

5 名人的演說經驗

要是你也用這種方法去練習演說，你便學到了名演說家的經驗了。英國著名首相路易．喬治當年加入家鄉威爾斯某城鎮一個辯論會後，常在野外散步時，對著樹林裝腔作勢地練習演說。

少年林肯常遠赴三、四十英里遠的地方一睹名人演說的風采，回來後欽佩之餘，決心將來要做大演說家，他召集了在田間工作的夥伴聚在一起，自己站在高處面對大家演說或是講故事。

他的雇主見了很是發怒，斥責他是懶鬼，並丟下一句：「在鄉巴佬面前裝模作樣，莫非也要把他們教壞。哼！」

英國的大政治家艾斯魏，當初在牛津聯合辯論學會打工，因而獲得了演說的要領，後來他在自己家鄉也創辦了一個辯論學會。美國總統威爾遜，也曾在某辯論學會學習演講。其他著名的演說家都是這樣。

總之，從許多名演說家的經歷來看，可以肯定的就是他們都曾經努力做過練習。在筆者訓練班上進步最快的，即是些努力去練習的學生。

也許有人會說：「每天那有那許多閒工夫去練習演說呢？」

不錯，但是美國參議院議員又是某鐵路公司經理的戴比哈先生，你能說他不忙嗎？然而，他卻每晚為他的演說作準備，他曾說：「我從不曾因演說而妨礙了我的工作，我都是每晚從辦公室回家後預備的。」

我們每天必定都可以排出三小時的工夫來讓我們自由運用，達爾文就是這樣做，結果使他享了大名。

老羅斯福總統當年在白宮，常用整個下午連續會客，規定每人的談話時限為五分鐘。非但如此，他身邊還放著一本書，利用賓客來去間空出的幾秒鐘時間看書。這個例子很適合讓大嘆時間不夠用的你作為參考。

每天都在奔波的人，都想停下來喘口氣或休息一下，而練習一場演講即是喘口氣的最好方法。偶爾你也不妨全家來一場即興演講。

備忘錄

一、拿破崙說：「所謂的戰術就是一門要不停計算、思考方能成功的科學。演講也是一樣。另外，演講還像航海，必須要先決定方向，沒有明確出發點的人，是達不到目的地的港灣的。

二、撰寫演講稿時，要從各種觀點來著手，組織順序時，沒有所謂絕對的法則。

三、演說的時候，要從一個論點開始徹底討論起，絕不可以由一件事，馬上就跳到另一件事。

四、演說的準備方法可濃縮成下列幾點：

・引發聽眾的關心。
・取得聽眾的信賴。
・傳達出來的應該都是事實。
・請聽眾務必實行。

五、使用錄音機對練習效果非常有幫助。

六、演講時不時的邊看小抄，最好儘量避免。因為這樣一來，便不能徹底連結聽者和讀者所關心的事物。

七、好好地想過之後再將其寫成原稿，從頭到尾一氣呵成練習看看。練習愈多就愈能抓住主旨，也才能清晰地留下印象。

第四章
超強記憶力增進法

「一般人在平時對於記憶力的利用不及百分之十。這是因爲他違反了記憶的自然法則，浪費了其餘百分之九十的緣故。」——這是著名的心理學家卡路·西修所說的。

你是否也這樣？如果是的話，你一定感到在社會和商業上奮鬥的困難，同時你對本章所述各節一定非常關心，你必須仔細讀下去，它將使你獲益匪淺。本章所講，是解釋記憶的自然法則，並舉出在商業和演說上應用的例子。

這些記憶的自然法則只有「**印象**」、「**複習**」、「**聯想**」三條法則。「記憶的系統」便是建立在這三條上面的。

要做到這一步，非**集中你的注意力**不可。

老羅斯福總統能有驚人的記憶力，便是能夠做到這一點的緣故。他對一種事物有了一個印象，就像鏤刻在鋼板上一般地難以磨滅；他曾花了極大的心力鍛鍊他在雜亂的場合而能把注意力集中於一事。

一九一二年，芝加哥舉行富魯．姆斯大會（富魯．姆斯的意思是大鹿，這是革新黨組織的象徵符號），他住在一家旅館的樓上，那時街上充塞了狂亂的群眾，搖旗高喊著歡迎他的口號，軍樂高奏，人員忙碌地來去奔走，因爲會議快要開始了。

即使是如此，他卻能安坐在房中的搖椅上，對這外面的喧嘩聽而不聞一般，從容讀著古代希臘史學家希洛特多斯的傳記。如果換了別人。恐怕早已坐立不安了。

又有一次，他旅行到巴西的荒林中，選了一株大樹下的清靜處，坐在一把小椅上讀吉朋的《羅馬帝國興亡史》，當時，他已把整個注意力完全傾注書中。

不久，忽然下起雨來，雨點打在樹葉，淅瀝淅瀝作響，但他卻一些也沒發覺。他這樣讀書，當然會印象深刻，不易忘記了。

五分鐘專注，勝過幾天心不在焉的苦功。

亨利．畢吉牧師先生說：「**一小時專注的工作，勝過幾年的恍惚生活。**」

伯利恆鋼鐵總裁葛休斯先生每年收入在百萬元以上，他有一句名言：「我學到一件比什麼都重要的事，不論在那種情形下我都每天照著去做，就是——時時將注意力集中於手頭的工作。」

這是獲得「力」的秘訣之一，尤其是「記憶力」。

1 養成精確的觀察力

大科學家愛迪生用了二十七位助手，這群助手在半年中，每天從電燈廠到研究所都走著同一條路，這路上有一株櫻桃樹，可是當這二十七位助手被問到時，竟沒有一個人注意到此事。

愛迪生說過：「一般人腦中所記憶的事物，還不及他眼中所見的千分之一，從這裡可見我們的觀察力真是貧弱得可憐。」

平時我們被介紹去認識兩三位新朋友的時候，往往不到一兩分鐘，就已把他們的姓名忘得一乾二淨。這就是因爲我們一開始就沒有集中注意力，也不曾把他們精確地觀察的緣故。

也許你會歸咎於記憶力太差。其實你錯了，這實在是由於你的「觀察力」太差，就像霧裡看花一般，怎能看得出鮮明的印象！

紐約世界雜誌總經理比利斯哈，在編輯部每個職員的桌上寫著「精確！精確！精確！」這也正是我們十分需要的格言。你要記憶人家的姓名，就得依照這個格言。當你沒有聽清楚人家的姓名時，就非問個明白不可。

被問的人往往因你對他這樣注意而格外高興回答，同時他也會因此而不由自主地集中注意力，把你的名字也深印在腦海中了。

2 高聲朗讀的林肯

年輕的林肯，在一個鄉村裡讀書，那所學校十分簡陋，地板是用木塊拼成的，窗子上貼著塗油的舊報紙，唯一的教科書，由老師高聲誦讀，學生也隨後高聲的唸，聲音十分吵鬧，因而鄰居們給這鄉校取了一個別名，叫做「市場學校」。

在這「市場學校」中，林肯養成了一個終身的習慣——凡是他想記住的事物，都要高聲朗讀了出來。

當他在春田市做律師的時候，每天早晨走進事務所，仰臥破榻，一條腿擱在椅子上，就拿起報紙開始高聲朗讀起來。他的一位同伴說：

「我每天被他吵得心煩氣躁，便跑去問他爲什麼要這樣高聲朗讀？他說：我這樣做是在利用兩種官能，一是『看著』自己在讀什麼，二是『聽著』自己在讀什麼，這樣比默讀容易記憶。」

記憶力很好的林肯說：「我的腦子像一塊鋼板，不大容易在上面刻畫事物；不過，一旦刻上之後。也就很難磨掉了。」林肯的記憶秘訣是利用兩種感官，我們何妨也來照樣試試看。

其實最理想的方法，不但應該眼睛看到、耳朵聽到，同時，還應該觸到、嗅到、嚐到。所謂「百聞不如一見」，所以最有效的還是「看到」，因爲我們的腦子最易受視覺支配，經由眼睛所得到的印象一定格外牢固。

譬如，我們有時碰到一個人，常常覺得似曾相識，卻偏是想不起他的名字，這不就是說明眼神經比耳神經格外靈敏嗎？

試著把你要記住的親友之姓名和電話號碼或演說大綱寫下來，仔細默讀一遍後，再閉目回想那些字句，它會像霓虹燈一樣的明顯閃現腦中。

3 馬克．吐溫的記憶法

馬克．吐溫是美國有名的幽默作家。曾經他一碰到要演說時，一定攜帶著演說稿上台，後來他想出了一種幫助記憶的簡易妙法，以後上台演說，便不再帶演說稿了。

他在哈潑雜誌上發表他的故事說：

「最難記憶的是數字。因爲它既單調又沒有顯著的外形。如果你能在腦中把一幅圖畫和數字連繫起來，記憶就容易多了，如果這幅圖畫是你自己想像出來的，那你就更不會忘掉了。

「我曾經有過這種經驗，在三十年前，每晚我都有演講，所以我每晚要寫一個簡單的演說稿，把每段的意思提綱式地用一個句子寫出來，平均每篇約十一句。有一天晚上，忽然把次序忘了，急得我滿頭大汗。由於這次經驗，我便設計了一個方法，即在每個指甲上依次填上一個符號，共計十個。第二天晚上我再去演說，便常常留心指甲，並爲了不致重複，看完一個便把號碼揩去一個。由於這樣，演講一結束，居然被聽眾詢問：手怎麼了？

「於是，我想爲什麼不用圖畫來代表次序呢？這使我立刻解決了一切困擾。當時我用筆在兩分鐘內畫出六個圖畫，用來代表十一個問題。然後我把圖畫拋開，但只要一閉眼，那些圖像便不由自主地浮現。這已是遠在二十五年前的事，可是至今我的演說稿，還得藉助圖畫的力量來記憶！」

我也是模仿馬克．吐溫的方法，使用圖畫記憶術，老羅斯福總統無視群眾的喧擾而專心看歷史書出神的景象、愛迪生看櫻花看得出神的身影、出聲讀報的林肯、揩自己的指甲擦去數字的馬克．吐溫等等，把這些當作一幅畫，試著在心中描繪著。

如此，演講的內容就牢牢地刻在心上了。

接下來，順序如何記憶呢？我採用的方法如下：

譬如——

one，與pun發音相似，於是就想像是「賽馬」，老羅斯福總統騎著賽馬看歷史書，如此記憶就形成了。你瞧，已經記住了吧！

Two與Zoo相似，就假想愛迪生凝視櫻樹是在動物園裡面。

Three與Tree可聯想，於是，林肯的住所當然是在樹上。

Four對Door。門的對面，馬克．吐溫正指著指甲作演講。

在心中「描繪圖畫」的要領就是這樣。會有人對這種方法感到愕然吧！但是，無聊的事才能刻進腦海裡，達成記憶效果。

奇怪吧！愚蠢的事才容易記憶呢！

一切事情都要勇於嘗試，你且試一次吧！讓大家對你的記憶力做一個感嘆的印證。

而最重要的，這也是個愉快的試驗。

4 有效的複習方法

埃及首都開羅有一所回教學府安魯．阿富哈大學，是世界最大的大學之一，有兩萬一千個學生，入學考試的科目之一是要背誦全部的可蘭經。這種回教經典的文字，和新約聖經差不多長，一個人須兩天才能背誦完畢。在中國私塾裡的學生，也要背整部古書，中國學生和阿拉伯學生未必都是特殊的天才，他們爲什麼能夠記憶這許多的書呢？

能夠發揮此等記憶力的秘訣，究竟是什麼？這不外乎是「複習」。

記憶的自然法則的第二個重點就是「**複習**」。不管數量多大，只要充分複習必定可以牢牢記住。

如果你想記憶的東西，比如說記憶任何新的詞彙時，要試著在會話時實際用它；想記住人名時，就要試著反覆念他的名字。

演講的內容也是如此，總要事前多練習你所要說的幾個重點。如此一來，實際的使用後，就會使其印象牢牢地留在腦海裡。

然而，胡亂地只反覆做些機械式的演練是不夠的。重要的是，知性的反覆——亦即一定要配合我們在記憶力上所擁有的特性，而非盲目而機械性地強記。

曾有這種實驗：將列有許多無意義字彙的表發給受測學生，希望他們能全部記住。三天之中反覆記憶三十八次的學生群，與一次做六十八回反覆記憶的學生群，結果可記住的詞彙數目是一樣的。其他的許多心理測驗，也顯示出這樣的情形。

這是記憶學上非常重要的發現。人類反覆一件事情想要把它記住的時候，可藉由分隔作業達成。一口氣讀熟一段文字所需之時間，比用適當而間歇的複習，時間要多一倍以上。

這個可稱為「頭腦的特性」的東西，可以下列兩個要素說明之：

其一，反覆作業間的空檔時間，我們的潛在意識不斷地進行著「**聯想**」。正如哈佛大學心理學教授詹姆斯所說：「我們冬天學溜冰容易；而夏天學游泳容易。」

其二、反覆作業以一定的間隔隔開進行的時候，「**量**」上的分割，使得壓力減輕，因此頭腦也不會疲勞。

以翻譯《一千零一夜故事》而聞名的巴登良，他是可以把二十七國語言，當成母語一樣操作自如的語言學名人。據他說，每一種語言的學習、練習，不要超過十五分鐘。

因此，凡是有常識的人，無論如何也不會在自己演講前夕，做延長準備等愚蠢的行動；否則那個人的記憶力往往無法發揮實力的一半就狼狽收場。

現在相反的，讓我來介紹如何忘記事物：

至此，各種心理測驗反覆證明：我們對於任何新知識，在最初的八小時比三十天以後更易忘掉。或許你認爲意外吧！

但這是事實。因此，在你演講之前，對於資料一定要再看過，想說的重點也要再次溫習——我不由得想如此勸告。

好個林肯；他知道這套練習的價値而活用了它。在蓋茲堡的演說，那位具備學者風範的參議員艾佛雷特的演說恰好在林肯之前。當艾氏的演說近尾聲時，下一號的林肯忽現惶色。

每次演說，他都是這樣的，在急忙扶正眼鏡後，他仍舊是從口袋中取出原稿，一邊默念、一邊拚命地作最後一次的重新記憶。

5 聯想的秘訣

接下來是「聯想」。

這第三個「聯想」與前兩個一樣是記憶不可或缺的要素。

實際上，說明「聯想」就跟解釋記憶這東西一樣。接著引用詹姆斯教授有關增進記憶力秘訣的說明。他說：我們的頭腦，本質上就是聯想的機械。比如說在一陣靜默之後，突然如此這般命令你：「回想！」、「回想過去！」

聽到命令的你，能因此而產生任何清楚的印象嗎？答案當然是「不！」因爲你的「記憶力」此刻正凝視著空白世界，並會如此反問：「到底要回想怎樣的事才好呢？」

這意味著對回想的事必要有某些暗示。如果有一定的暗示或線索，如問你：

「你出生的年月日？」

「早餐吃了什麼？」

……

以上等等回想的指示，則你的記憶力便會立刻說出必要的答案。

這種「暗示」使你有了聯想的線索。因此，如果注意這個程序的話，你的答案便會被「聯想」牽引出。

我們運用腦子，無非是受這聯想線索的牽引。因此，凡是有了訓練的記憶力，都靠著一個有系統的許多聯想。而這聯想系統的好不好，又是靠著兩種特性：一是聯想的固定基礎，一是聯想的數量。

簡言之：「**良好的記憶秘訣，便是把我們要記憶的東西發揮很多的聯想。經驗相同的人，誰能把自己過去經驗記得最深且最有系統，便是誰的記憶力好。**」

一、名字的記憶法

那麼，我們如何把所知道的各種事情互相結合，使它成有系統而方便的記憶呢？

答案是找出意義來加以思考。例如，當你遇到一件新的事物時，可以對自己提出下列五個問題來作答。如此，應該可以把那件事情納入組織的一個連貫的系統——

1.它是怎樣的？

2.爲什麼是這樣的？

3.什麼時候的事呢？

4.在哪裡呢？

5.誰如此說呢？

以人的名字爲例，如果那是個常見的名字的話，就可以和老朋友中名字相似的人聯想。相反地，如果是稀奇的名字，則不妨向對方請教其名字有何特別涵意。如此，對記憶應該是有用的。

例如，最近在一次偶然的機會下，我被介紹和一位叫蘇恩達的婦人認識。我向她請教拼法，然後說：「好稀少的名字哦！」於是，因爲這句話，她告訴我，她先生是雅典人，而祖先是希臘的達官貴族等事情。由於這樣，我也立刻記得蘇恩達夫人的名字了。

初次見面的人，你首先要好好地觀察他的五官、身材，再看看他穿什麼樣的衣服、用什麼樣的聊天方式等等——關於那個人的容貌和個性，要明確而活生生的印記在心中，把那些印象和名字相結合就可以便於記住了。這樣一來，下次見面時都可以用從第一次見面的印象來聯想，而後那個人的名字也就自然浮上腦海。

你是不是有這樣的經驗呢——同樣的人見了二、三次，可以想出他的職業，但是，名字偏是想不出來——因爲職業是固定且具體的，所以很容易記；可是，姓名本身是沒有特定意義的。因而，如果想記住一個人的名字，要把他的名字和職業用可以聯想的俏皮話聯結起來。這樣一來，保證你會很容易記住。

二、日期的記法

記日期最好的方法，就是與已牢記在自己腦中的其他重要日期聯想在一起。例如，對美國人而言，「蘇彝士運河於一八六九年通航」的歷史性年號不好記，但如想成「南北戰爭結束後第四年始有船通行蘇彝士運河」，便覺格外容易記了！總之，南北戰爭結束的年分是早已深印腦海的重要日期，你要好好利用它。

我想，電話號碼的記法也該遵循此原則。如一四九二、一八六一、一八

六五、一九一四等，這些熟悉的數字對我們來說真是棒極了。告訴別人電話號碼時，與其單說「一四九二」的數字排列，不如附加「哥倫布發現新大陸那年」，這樣一來，對方即使想忘，也一定忘不了。

三、如何記住演講要點

當我們想一件事情的時候，只有兩種方法。一個是經由外界的刺激，一則是經由腦中的某事來聯想。

那麼，也把它應用到演講上吧！

首先，比方說備忘錄等可說是外界的刺激，據此來想起內容，進而可以思索。但是，對於備忘錄，聽眾並不太喜歡……

第二種辦法是和腦中已有的東西一起聯想，以記住演說的要點。這種情形，就好比打開一扇扇的門到達你要的房間一般，將要點依序列出，從一到二、二到三，依次地進行而不會想不出來。

這聽起來簡單，但對初學者而言卻相當困難。由於初學者一到聽眾面前就會有害怕的心理，思考力也隨之喪失了。補救之道，就是先把你要說的要點，利用一些有趣的聯想結合起來。

假設您要說幾個毫無脈絡（零散而非常難記）的觀念，如「牛」、「雪茄」、「拿破崙」、「家」、「宗教」時，您可作如下無意義而滑稽的聯想：「牛」抽「雪茄」，喝一杯「拿破崙」，「家」和「宗教」是離不開的。

現在，不看右邊的文章，請先回答以下的問題——這些話的三點是什麼？第五點、第四點，還有第一點呢？

如何？能回答吧！這樣便格外容易了。

不管多麼風馬牛不相及的觀念，只要用此法便能使其聯結成一鎖鍊。像這樣，編個故事更符合需要，愈顯得愚蠢反而愈容易想出內容。想增進記憶力的人可用此法。

四、忘辭的救急法

一個演說者，雖然事前已有萬全的預備，但在面對聽眾演說時，難保不會有意外發生，例如：腦海突然一片空白、說不出話的呆立在台上……

發生此種悲劇的人，即使是女性也無法簡單地以一句「不行了！」就坐回位子去，因爲她的自尊不容許。恐怕她要花個十秒或十五秒說些話，來想她下面要說的要點了。

換言之，要在那些聽眾面前沈默十五秒，這是瀕於投降的邊緣。那麼，該怎麼辦呢？

最近，某位有名的國會議員就發生類似的情形，當時他便向聽眾問道：「聽得見我的聲音嗎？後面的先生小姐都聽得到嗎？」他明知自己的聲音可傳遍每個角落，卻藉此來思索以下內容的要點，以便安然地繼續他的演說。

所以，面對此般窘態時，千萬要想想自救之道。有時候你也可以利用自己剛才講過的最後一句話或是最後一個概念作爲下一句的開端。如此，就像小河一般，可以綿延不斷而滔滔不絕。

例如，你以「成功的商業」爲題演說，你講完了「一般的生意人不太會提升績效，是因爲對自己的工作幹勁不夠，欠缺積極性所致。」便突然忘了接下去的話，這時，你就可以「積極性」這個語彙設法講下去。

這個時候，用什麼話、什麼方法來簡短地總結談話的內容呢？不必有一定的方向。總之，就是要繼續說下去，與其完全投降，不如隨便說點什麼都好。就像這樣：「所謂積極性……就是獨創性，能獨自達到某個境界。並不是等待別人告訴你這個那個……」

如何？就是這個要領。這樣可以無間歇地，邊說邊引導自己言歸本來要說的內容。

這種思考法，有時也許把你引導到逛街、吃蛋糕等話題上，然而，這仍是因遺忘而產生的急救法，可以把你從窘境中解救出來。

備忘錄

一、著名的心理學者卡路．西修說：「人類平均利用記憶力不及百分之十，剩餘的百分之九十則浪費了。」

二、所謂「記憶之法則」有「印象」、「複習」、「聯想」三項。

三、將要記的事項，深深地、生動地在自己心上烙下深刻的「印象」很重要。這是法則之一，所以——

．集中精神。老羅斯福總統的驚人的記憶力秘訣便在於此。

．仔細觀察。正確地將事情烙印心上。不要像在霧中攝影一般。心中若有霧掩蓋的話，便不能留下完全的印象。

．用官能來加深印象。林肯對於所要記憶的事，都把它唸出聲來，利用眼耳來同時加深印象。

．「百聞不如一見」，從視覺得到的印象，有利於深烙心上。眼睛的靈敏勝過耳朵二十五倍。馬克．吐溫用備忘錄演說時，無法記住演講的大綱，但把備忘錄改以圖示的方式，便能很快地記下來。

四、記憶法則之二為「複習」。重點如下：

‧一口氣反覆記誦將會效果不彰，不如分成幾個時段來記誦，反而可以縮短記的時間和精力。

‧臨演說前要再看一次原稿，以增強自己的記憶。

五、記憶法則之三為「聯想」。把要記的東西和其他較容易記的事情關連起來，詹姆斯教授說：「記憶的秘訣，便是把要記的東西創造許多聯想。」

六、與其他事情聯想時，可就以下的問題先自問自答：

‧是什麼？

‧如何變成那樣的？

‧何時的事？

‧在哪兒？

‧出自誰的口？

七、記陌生人的名字時，向他本人詢問有關他名字的事，然後再觀察其外表，再與名字聯合著一併記。由於職業特別好記，跟名字聯想來記也是不錯的方法。

八、記日期年號，可以和歷史性的重大日期以聯想法來記憶。

九、記演說的要點，必須依序整理，使其能依次自然地想出來。再者，按要點而作段有趣的聯想文章也是記憶方法之一。如「牛抽雪茄、喝杯拿破崙、家和宗教是離不開的」，滑稽可笑的文章不容易忘。

十、雖準備萬全地站到講台上，演說中途卻突然忘辭，這種時候，利用忘記前的句子，若無其事地繼續發揮下去，便能掙脫危機。

第五章 你能不能成為大演說家？

在向南極探險的途中死去的史考特，很喜愛一首名爲〈克維斯特號精神〉的詩。克維斯特號是南極探險船的名字，這首詩掛在甲板上一個很醒目的地方。

如果你有夢
卻不盲從夢境
如果你能思考
卻不為思想所惑

如果你在失敗之中
卻毫無畏縮
竭盡你的身心乃至於勇氣
並且——
完成所應做的事
努力！不管到何種境地
即使只留下呼喊

時光無情
一分一秒地逝去
但大地一切屬於你
是你的小孩
這是最重要的
如能這樣，你便成長了

正如面對南極大自然的威脅而踏出這一步的史考特一般，當大家決心成爲一個傑出的演說家時，首先就要學習此種精神。

但很遺憾的，並非每個人都具備此種精神。好不容易立志向上學習，卻半途受挫而未達目的者何其多！這不僅是遺憾的事，或許也可說是人性悲哀的一面吧！

那麼本書也應漸漸接近轉折點了。但是恐怕有失望的讀者——雖然已經讀了快一半，卻一點也不能克服在人前演說時的恐懼感、一點也不覺得有自信……

請別那麼洩氣！「無論受什麼傷，都需要時間來治癒」，打起精神再前進吧！

1 努力就能突破

法語、高爾夫、或是演說，大凡學一樣新事物時，不可能如同電車一般進步神速。

在突破之前，總有難以跨越的一個階段，或是維持現狀、或是退步亦說不定。那種停滯或後退，在心理學上稱之爲「學習曲線的平面」。

學習演說而無法突破這個平面的人很多，此時無論再怎麼努力都無效。意志薄弱的人就陷在那兒了；較有耐心的人，只是一味地練習，結果在一段時間的努力後，一夕之間，竟發覺突然進步一大截，連自己都嚇了一跳。

一旦得到竅門，便開始有了自信心。

首次站到聽衆前演說，不管是誰都會被恐懼與不安所襲擊。這時若能耐心努力的話，必能除去不安的情緒。

最初的恐懼感就如字面上的意義「**只限於一開始**」，只要說一兩句話，保證就會鎮定下來，因爲發覺事實並非那麼可怖，便一定能從容說下去。

2 決心贏得成功

有一個青年志於學習法律，他寫信給林肯，希望林肯給他建議。

林肯覆他的信說：「如果你已經下了決心想做律師，那麼，你已經成功了一大半了！

請你永遠記住在所有成功秘訣中，**決心是最重要的條件。**」

林肯深明這個道理，所以他一生都是這樣做的，他生平沒有上過一年以上的學校，但卻十分喜歡讀書。

有一次，他從家裡走到五十英里外的地方去借書，到了晚上，便在小木屋中燃起了柴火，藉著火光讀書；第二天一早醒來，就立刻揉揉眼睛再把書繼續閱讀下去。

他常常走二、三十英里之遠，去聽名人演講，回來後便私底下揣摩一番；他也常常在田野中，把馬和樹木當對象演說，或向約翰雜貨店的買主們演說；他曾加入春田市的學術辯論會，把每天的事件，作為練習演說的題目，正像我們現在練習的一樣。

一種不自然的心理，常常困擾林肯，尤其是在女性面前，他會羞澀得講不出話來；他與瑪麗．陶德小姐交往的時候，常常羞澀地默坐客廳一隅，找不出話來談，只是靜聽瑪麗小姐一人說話。

但是當他在家自修苦練的結果，居然駁倒了演說家道格拉斯參議員，而在蓋茲堡紀念烈士大會上，和第二次總統就職時，造成演說史上無與倫比的輝煌紀錄。

現在白宮的總統辦公室中，懸著一幅林肯的畫像，老羅斯福總統說：「我碰到猶疑不決的事，便抬頭看林肯的畫像，想像他處在這一個情況下應該怎麼辦，也許你覺得有些好笑吧？但這是使我解決一切疑難最有效的辦法呢！」

你為什麼不去試用一下老羅斯福的辦法呢？如果你正在努力練習成為一位演說家，而你碰到了困難，請你不要氣餒，你可以想一下，當年的林肯，真比你要困難得多哩！

林肯和道格拉斯競選參議員失敗後，他告訴他的同伴說：「即使失敗一次，甚或一百次我也決不灰心退縮！」

3 努力必有收穫

美國心理學家詹姆斯有一段名言，希望你每天早晨都翻開來熟讀一遍——

青年人不必愁自己所受的教育會落空，不論你做什麼事業，只要你忠誠於工作，每天都忙到累倒了，總有一天清晨醒來，你會忽然發現自己是全世界能力最豐富的人之一。

我可以套用詹姆斯教授的話來說，如果你以充分熱忱來研讀本書，並勤於練習，你一定會在某天清晨醒來，忽然發現自己已經是全世界屈指可數的演說家之一。

這並不是妄想，而是一條真確的原則！讓我們來看一個實例——

史賓金．克斯是前紐澤西州的州長，他曾經參加過我在多倫多開設的演說訓練班的畢業典禮，儀式中規定每個學員都得發表一篇演說，最後史賓金．克斯州長站起來說，他覺得各學員演說成績的優良，實不遜於美國參眾兩議院中各政治家的演說。

這些學員都是商人，而且在幾個月前，還都是怕聽眾而又會口吃得講不出話來的人，顯得毫無演說的天才，但是他們有一天早晨醒來，突然發現自己已經成爲大演說家了。

你能不能成爲大演說家？問題只在於你**有沒有自信心和學習演說的熱忱**。

詹姆斯教授說：「無論你學習什麼？只要有了誠意和決心，是永遠不會失敗的；只要你埋頭下功夫，絕無不成功之理。比方：你想發財，就可以發財；你想有學識，就可以有學識；你想有名譽，就可以有名譽。不過你必須把全部心力和興趣傾注上去，否則一面想做這件事，一面又想著許多毫不相干的事，那就永無成功之望了。」

詹姆斯教授很可以再加上一句話：「如果你一定要成爲一個大演說家，就可以成爲一個大演說家，不過你必須把全部精神和興趣傾注上去。」

我觀察過幾千個打算獲得自信心和在聽眾前有講話能力的人，發現其中的成功者，很少具有特異的天賦，大多是一些普通的人。

因爲凡有小聰明者，常先氣餒，或者太醉心於賺錢，他們的成就並不大；倒是普通人，學了本書所說的各種方法後，肯下苦功練習，反而成績顯得特別優異。

這是非常平實合理的事，三百六十行中，到處都有這種例子，石油大王洛克斐勒曾經說：「**成就事業的第一要素是——堅忍**。」學習演說而希望成功，也非「堅忍」不可。

法國的佛西大將曾經統率過世界最著名的雄兵，他說他只有一個特長，就是「**永不氣餒和絕望！**」

一九一四年，法國的軍隊退到了梅恩地方，佛西將軍對他所指揮的二百萬大軍的各將領下令停止退卻，開始反攻。

當時這場歷史上最著名的血戰已經持續了兩天，佛西大將奉命扼守主要陣線，當時他給某將軍一封短札：

「我的中路已經打敗，右翼也已後退，這是絕好的形勢，我要趁此大舉進攻了！」

巴黎就這樣獲救了。

這封信在軍事史上可說是最令人熱血沸騰的名句。

親愛的讀者，如果你的中路已經打敗，右翼也已後退，這正是絕好的反攻機會，進攻！進攻！進攻！惟有趁此進攻，才可以保全你最優秀的部隊！

有這麼一段故事。都彭海軍司令對自己失敗的原因（**指：為什麼沒有砲擊查爾斯頓港一事**），舉出了十幾個例子。在一旁仔細聽的法蘭克司令說：

「沒錯，但是還有一個原因吧？」

「什麼？」

「你當時認爲自己不可能辦得到。」

4 持有勝利的意欲

參加演說訓練者，最有價值的收獲就是「自信」，亦即對自我能力的肯定。

拿破崙、威靈頓、李將軍、格蘭特、佛西大將、以及所有偉大的軍事領袖，大多承認使一個軍旅獲得勝利的意志，以及對於獲得勝利之能力的堅強自信，比其他任何決定勝利的要素都來得重要。

佛西大將軍說過：「九萬敗軍在戰勝的九萬軍隊面前退卻，完全是因爲前者已經失掉了戰勝的信心，失去了堅決的鬥志之故。」

換句話說，戰敗的九萬士兵，他們並非因爲受了外在的壓迫，而是因爲他們失去了勇氣和自信。

一支軍隊碰到這種狀況也就沒救了。同樣的，一個普通人有了這種現象，也就完全沒有希望了。

第一次世界大戰中，同盟國海軍的隨軍牧師富雷哲，被問到做爲隨軍牧師的成功秘訣時，答以「四G」，即——

1. Grace（品格）
2. Gumtion（積極性）
3. Grit（氣概）
4. Guts（膽識）

這四項，在您學習公共演說時也是必備的條件。

備忘錄

一、不管學什麼，開始時是急速性的提升，然後是持續無變化的水平狀態甚至是退步。心理學家稱之為「學習曲線之平面」。一旦突破了這個瓶頸，你將發現自己已從此平面飛起，在一夜之間有了長足的進步。

二、堅持下去，即是掙脫恐懼感的最佳辦法。總之，如能在講台上多說上兩、三句，那種不安感便會自然消失。

三、詹姆斯教授説：「只要努力，不用擔心所受的教育會不會落空。如能忠誠所事，在某個美好的早晨醒來，你將發現自己已成為當代能力最好的人之一。」

四、在演説方面成功的人，並不比別人擁有更優越的才能，而是以堅強的決心與耐力去努力的結果。

五、老羅斯福總統在受挫時，會仰望林肯的肖像自問自答：「如果是林肯的話，他會怎麼做？」把自己當做不屈不撓的林肯，這樣大概就不會被打敗了！

第六章 自然生動的說話術

第一次世界大戰後，史密斯兄弟以歷史上首次完成倫敦——澳大利亞間的飛行，而一舉成名。隨後，連英王也特別賞賜武士爵位。

此後，他們屢作飛行經過的演講，當我幫助他們演說時，便配合影片來輔助說明。一天兩次在倫敦的演說長達四個月。

兄弟兩人在環繞地球大半圓的飛行中。一直並坐著，兩個人的體驗該完全相同吧！

何況是兄弟，說話的方法與內容也非相近。但是說到演講的印象，好像兩人的體驗並不相同！

說話的時候，語彙並不是最重要的，而是其**幽默與情趣**。重點不在說什麼，而在於「**怎麼說**」。

你沒有這種經驗嗎——音樂會中著名的鋼琴家所彈的，和你所彈的是同一曲子，但總令人覺得有所不同——手指敲的雖是同樣的鍵，使用方法、情緒和個性卻有藝術與庸俗之別。

不僅是音樂，繪畫也一樣。不！幾乎所有藝術的範圍，所謂天才與凡才的差別，也都是基於這種不同的情調。

跟觸碰琴鍵一樣，我們在說話藝術上，也具有這樣的道理。只是，動人的演說，除了內容外，還有說話的技巧。誇張地說，能言善道者，即使內容單薄也能感動人。

「演說的重點有三個。」某位諷刺家說道：

一、演說者是誰；

二、怎麼說；

三、說些什麼。

——其中最重要的是第二項。

當然這或許有些誇張，但仔細想想，實在含有很深的道理。

英國政治家愛德曼·巴克寫了論理、論法、構成等幾乎完美無缺的演說稿，今日仍被很多大學作爲演說研究的對象。但巴克自己卻沒成爲演說家，悲哀吧！

會寫那樣的稿子，卻欠缺會說話的嘴巴。他在眾議院被戲稱是「吃飯的鈴聲」。因爲每次只要他一開口，馬上就會使得議員們站起來，離席而去。

鋼鐵製的彈丸無法穿過衣服，相反地，蠟燭雖軟，只要沾上火藥亦可貫穿松木板，像蠟燭那樣軟調的演說，沾上火藥後便如鋼鐵般硬。可見，光有鋼彈一般的演說資料，如果用得不得法，還是沒有用的。

各位是否已經了解「說話的方法」是多麼重要了呢？

1 說話的方法

所謂「說話的方法」，英文就是delivery（演說時的態度、聲調和姿態），也有「送達、傳達」的意思。

百貨公司在「送達」您買的東西時，是常將它們放到出口處而置之不顧嗎？信件並不直接「送達」給收件本人，而是投到郵筒。但是，演說人是否也如此地將自己的演說「送達」出去呢？

當然不是。

舉個一般人演說的典型實例吧！

是我停留在瑞士阿爾卑斯山避暑勝地慕倫時的事情，當時我住在一家倫敦大旅館，該旅館每個禮拜從英國請來兩位演說者對旅客談話。

其中一位是有名的英國女作家，題目是〈小說的未來〉。但是她說這並非自己所選的題目，也沒有什麼特別值得說的。

在講台上慌張的她，也不看聽眾，時而看看會場後面，時而看看備忘錄，結果在整個演講中都無法鎮定下來，完全是語無倫次，欠缺要傳達什麼給對方的「溝通」意識。而這種溝通意識，可以說正是好演說的首要條件。

要傳達的話如從說者的心一直線地傳到聽者的心，聽眾必能真正受到感動。像這名女作家的情形，還不如到無人的沙漠去較好！

說話的方法，即演說的送達，是極爲簡單的問題，同時也是極爲複雜的過程。但常被誤解，也常有多餘的過程。

2 理想的演說秘訣

聽眾對演說者的期望是，即使是十五個人或是一千人的集會，也要像是一對一那樣親近的直接對話。

不管多大的集會都要當作是對一個人說話。雖說是大集會，終究是一個個普通人的集合體。聽眾期待的是「平常的說話方法」，把個人當對象的成功說話法，當然也適用於把集體當對象的情形。

我在剛才舉例的旅館中的另一夜，也有很好的機會聽到某位英國物理學者奧立佛．羅基先生的講演。

在以〈原子與宇宙〉爲題的演說裡，他完全忘記是「正在演講」。但是，這個「忘記」很重要。當時他所想到的並不是怎麼樣演說，而是怎麼樣能把原子簡單又正確地說明給大家聽。

對於完全是門外漢的我們，好比讓我們看到和他自己看到的東西一樣；

讓我們感覺到和他感覺到的事物一樣，他是那麼地「忘我」。結果，演講當然是相當成功的，洋溢的魅力，真的給我們很深的印象。

各位讀者所做的演說，假使被聽眾認爲「這個人受過演說訓練」的話，身爲作者的我，並不會替你高興；相反地，我要勸告各位——給聽眾一種不敢相信你受過訓練的感覺——由於你的自然與親切。

好的窗子是不會要你意識到它是窗子的，它只是忠實地顯現收盡風光的效果罷了。會演說的人也是一樣，他會自然到讓聽眾只是十分投入地聽其內容，而不會意識到那是場演講。

3 汽車大王的忠告

「每一輛福特汽車都無絲毫的不同！」福特汽車的創始人亨利．福特經常這麼說。

「但是，」他又加上：「人就沒有完全一模一樣的了，每一個小生命出世就帶來一種特點，每一個青年應從自己身心中找出這個『**個性**』的特點，努力去發展。社會和學校也許會把他們這種特點磨平了，使所有的人都成爲一個模式；但是你們千萬要打定主意，不要失去這個最重要的成功關鍵，他是使你出人頭地的一把梯子！」

上面是汽車大王福特的一番經驗談，它尤其適用於演講方面。

世上成千上萬的人中，不會有兩個「鼻子、眼睛、嘴巴長得一模一樣的人」，更不會有兩個人的性格、氣質和情緒是完全相同的；就是你的說話和想法，也不會有人和你完全相同。

個性是你私人的珍寶。如果你想成爲一位演說家，你尤其應該珍愛你的個性，它是增加你說服力和感染力的要素，「也是使你出人頭地的一把梯子。」

一個人講話的態度，是他「個性」的重要特點之一，好像一個人的鬍鬚，或禿頂在他整個面貌上，占有很重要的地位一樣。

當年林肯和參議員道格拉斯在伊利諾州作了場名垂青史的辯論。體格高大笨拙的林肯，體格短小精悍的道格拉斯，他們兩人的個性、器識、氣質、人格的不同，正像他們外表的不同一樣。

道格拉斯受過極高深的教育，林肯則是刻苦自修的；道格拉斯舉止文雅，林肯則很粗魯；道格拉斯莊嚴而毫不幽默，林肯是歷來最會講故事的人士之一；道格拉斯講話很少用比喻，林肯的辯論最愛用比喻；道格拉斯狂傲自大，林肯極謙恭溫和；道格拉斯的思想十分敏捷，林肯的思想力十分緩慢；道格拉斯的演講猛如旋風，林肯則緩如溪流。兩個人是這樣的不同，但卻都是極能講話的人，因爲他們都有勇氣和主見。

如果兩人中有一人要去模仿另一個人的話，那可以擔保一定是「學虎不成反類犬」的。因爲他們各自利用自己的個性，所以兩人都能成爲特殊人物。

「你自己是怎樣的，你就任其怎樣好了！」你以爲這是很容易辦到的嗎？不，誠如佛西將軍發表戰術上的意見說：「它的理論十分簡單，然而實行起來卻十分麻煩。」

幹練的演劇家都知道一個演員或演說者，必須練習到站在觀眾和聽眾之前態度仍舊能夠十分自然。在你四、五歲的時候，你可以到台上去對一大群的聽眾背誦一段故事，或是唱一首歌，但在過了二、三十年後，有人請你登台講演時，你仍能保持你在四、五歲時的神態嗎？也許你以爲能夠，但仍將顯出侷促不安的態度或心情。

訓練演說的目的，是在設法減少一切障礙，使發言者能夠很從容地侃侃而談（**像無故被人推倒時起來和人理論一樣**），目的並不是要替自己增加一些什麼特長。

我在演說訓練班上，有幾百次把正在演說的學員的話中途打斷，請他講得更自然一些。我還不知道有過多少次，弄得晚上十分疲憊地回去，只爲了要盡力訓練學員從容說話。從這裡你可以知道這是一件很不容易的事。

使你演說時從容自在的唯一方法，就是「**練習**」。

當你練習時，如果發覺你有講話呆滯或感到羞澀的情形，你可以立刻停下來激勵自己：「這是什麼病？嘿！醒來吧！回復你的常態吧！」然後在聽眾中隨便選出一個人來和他談話，忘了其餘的人。

你不妨想像他正在向你發問，你正在給他答覆。一旦人家真有問題問你，你更可以立刻答覆，這一定可以使你的演說從容順暢得多。

在演講的時候，你不妨穿插一些自問自答的話，例如：「你們要我證實這句話嗎？好吧……」接著就直接回答這想像的問題。這常常可以使你的態度顯得極為自然，而且可以打破一個人講話的單調而枯燥的空氣，加強你演說的愉快氣氛。

真誠、熱烈、懇切，可以給你很大的幫助。當你感情激動時，一切演說上的障礙，都可以被你熱情的火焰完全燒燬。同時你的動作和談話都可以顯得很自然了。

總之，演說的方法就是把你的情緒放在你的談話中。

4 自然的說話方式

在這裡，我將提出幾種使演講格外明顯和生動的自然姿勢來討論一下。

讀到這裡，也許有人要說：「哦，我明白了，你是想強迫我們照你所說的去這樣那樣的做，是嗎？」

不，因為我很知道如果你是一個口令一個動作，只有使你更加呆板、更加乏味罷了。

也許這裡所說的幾個方法，在你昨天和人家閒話家常的時候，已經不自覺地用過了，好像你吃下去的飯已經在不知不覺中完全消化了一般。

一、以聲調的高低表現語氣的輕重

這是一件很平常的事，也許你在平日閒聊中，早已不經意地用過千百次了。雖然一句隨口說出來的話，字句的意義上總有重要和次要的分別；當你說到重要的字句，你的聲音自然就提高些；不重要的，聲音就放低些。比方：「今天『我』做了一件『好』事。」

當我們說這句話的時候，對於「我」和「好」兩字，聲音自然會比較高些。現在把拿破崙說的話拿來試一下：「因為我『決心』要成功，所以凡是我做的事都得到了『成功』！我『勝過』一般人的地方，就是我做事『一點都不猶豫』。」請把『』之中的字特別提高聲音來讀，看看結果怎麼樣？

當然，讀這段話，並非一定要用這樣的語調，也許別的演說家的讀法另有一種風格。總之，聲音的高低並沒有鐵則，還得要照各人自己的意見去定聲音的輕重。現在，你且依著你自己的意見，來讀一下老羅斯福所說的：

「在人類的特性中，最重要的算是決斷。一個孩子，他想在將來成為一個偉人或是事業上獲得成功，他不但要克服千百個障礙，而且還要有非獲得最後勝利不可的決心。」

再將下面這段文章，用認真的、清楚傳達的語氣來讀它。你大概會在不知不覺之中強調了重要的語彙，其他的語彙則快速的讀過——

「你假使想「會輸」，你就「真的」會輸。

你假使想「不會做那件事」，你就「真的」不會做。

你假使想「想勝利，但好像不會勝利。」那麼，同樣的，你就「真的」不會勝了。

人生的戰場，不限於強者和速度快者才會勝利。

只是，**勝利終究是屬於心想「會勝利」的人**。

二、改變聲調和音量

我們談話的聲調總是高低起伏，像波浪般的變化無窮。這是什麼緣故，從未有人回答，而且也從未有人注意，更沒人刻意教我們，這是我們在小孩子的時候，就會了的一種極自然的法則。但是我們站到聽眾面前演說時，我們的聲調，卻立刻變成平凡而單調，好像一片荒涼的沙漠。

當你發覺你的演講有了這種情形時，不妨停止幾秒鐘，在心裡自己責問自己說：「這真是機器人講話的聲調，應該講得自然一點！有人情味一點！」然後繼續演講。

也許可以使你藉這幾秒鐘停頓的機會，把聲調重新矯正過來。

你不妨事先指定一篇演說辭中的幾個單字或是短句，在講到這幾個字或幾句話時就突然把聲音提高或是壓低，結果往往能特別引人注意。

現在請你把聲調特別放低了，讀下面『』中的字句，看看結果如何：「我只有一種特長，就是我『永不絕望！』」——佛西將軍的話。「教育的最大目的，不是單單知道而已，想要成功，『最主要的就是信心』！」——吉朋斯大主教的話。

三、改變說話的速度

平日我們和人閒聊，常常改變說話的速度，這是我們在不經意中，自然地應用了一種很有力——也是最好的說話方法。它可以使整個意見的某一要點，顯得特別「突出」地表白出來。

史蒂文生在他的名著《記者眼中的林肯》中說：

「林肯總統常是很快的一口氣講出了許多字，遇到其中想強調的字句，就把聲音特別拉長或提高，然後再像閃電一般，一口氣說完那句話。他常常使一、兩個重要的字所佔的時間比六、七個不重要字的時間長得多。」

用這種方法，可以抓住聽眾的注意力，這是毫無疑問的。當我演說的時候，也常常使用這個方法。

現在請你把下面一段文字的『』中的字句特別拉長讀一遍，看看結果如何？

吉朋斯大主教，他在快要逝世的時候說：「我已經活了『八十六——年』親見『幾百』人『走上了成功之路……』從這上面發現所有能夠成功的『重——要』因素中，最重要的就是信心——『一個失去信心的人，是萬難成功的』！」

請你再做一個實驗：先用漫不經心的迅速語調說：「三千萬元」，然後用吃驚的口吻慢慢地說：「三——萬——元」，詳細玩味一下，是不是好像三萬元的數目比三千萬元的數目要大了許多？

四、重要意思的前後要停頓

林肯每次演說碰到想把一個重要意思深深印在聽眾的心裡時，就把他那高高的身體略向前傾，目不轉睛地瞪著聽眾，良久不發一言。這突來的沈靜，和乍然的一聲春雷有著同樣的功效；這功效，就是極能引起人們的注意。

當林肯對道格拉斯議員做著名的辯論時，他那慣有的一種憂鬱的神色，常常不利於他，使他講出來的每一個字都帶著一種淒涼的意味。

因此當他將要結束的時候，早已露出失敗的徵兆，但他突然捲起雙袖，兩眼逼視台下那群似乎快要打瞌睡，又好像對他有些好意的聽眾，沉默許久後，忽然用一種特別的聲調說：

「朋友們，我和道格拉斯先生兩人無論誰被選爲參議院的議員，都是不重要的。可是，今天我要在諸君面前提出一個重大問題，它的重要性在我私人的利害或任何黨派命運之上，朋友啊！」

說到這裡，林肯又停下來，聽眾們對於每一個字，都是細心的聽著——

「那個問題，即使在道格拉斯先生和我死後埋入土中，舌頭已經腐爛、不會再講話的時候，它也仍然存在，而且仍在一些人的心中燃燒。」

「這短短的幾句話和演講的態度，深深打動每一個聽眾的心靈。」有一個預備替林肯作傳記的友人說：「林肯演說時，常常在一些重要的字句之後突然停頓下來，他深知這一段短短的靜默，可以使他剛才所講的重要意思完全送進聽眾的腦海中去。」

羅濟爵士也是深諳此道，他在每一個重要字句的前後，總要停頓一下，甚至一句話，會停頓三、四次。但是，他停頓得十分自然，毫無勉強做作。演講時利用停頓，就是一個最聰明的方法，值得我們多多仿效。一般學演說的人，往往沒有注意到這一點，十分可惜。

現在，我把下面一段演講中應該停頓的地方標了出來。不過，我所標的並不是不能改變的，也許你認爲我標得不太高明，這是難免的。因爲這本來沒有一定的法則，也許你今天以爲應該在這個地方停頓一下，到明天再講的時候，便以爲不該在這地方停頓了。

你先不用停頓的讀一遍，然後再照我標注停頓的地方用停頓的方法讀一遍，兩相對照，就可以看出停頓的方法有些什麼效果了。

「經商就像打仗（**略停頓，使『打仗』兩字，印入聽眾腦中**），只有以戰士的勇氣才能在商場中獲得勝利（**停頓**），我們也許並不想這樣做，然而，這種情況並不是由我們造成（**停頓**），而且也不能由我們去改變（**停頓**），如果你有一天加入了商戰的陣線，你就得拿出勇氣來（**停頓**）。要不然的話（**停頓一兩秒鐘**），你做任何事業都將慘遭失敗（**停頓**）。比方打棒球（**停頓**），如果一個人想一棒擊出全壘打，那就決不可對於對方的投手懷著畏懼（**多停頓一下**）。請記牢這一點（**略停頓一下**）：那位竟能一棒把球擊出球場之外，安然跑完全壘，穩得一分的球員（**多停頓一下，使聽眾急著等待你說出是誰來。**），在他的心上，必定是早已有了堅決的意志，咬住了牙根，準備做他那一棒驚人的事業了。」

這次，用心的發出聲音來唸出下面的文章，將意味傳達給對方，如果是你，在哪兒停頓呢？

美國國土中，有廣大的沙漠，不是在愛達華州、不是在新墨西哥州、亞歷桑那州；所謂遼闊的沙漠，很普遍的在美國人的帽子底下。那巨大的沙漠不是物理性的沙漠；而是精神性的沙漠。

這世上並沒有可治百病的特效藥，但是，與這最相近的就是廣告了。

——J．S洛克斯教授

我須要取悅的只有兩個人。一個是神、另一個人是我自己——葛菲魯特。

我現在必須與「葛菲魯特」共存，除此之外，就是和神共存。

——詹姆斯．葛菲魯特

想要使演說成功，就將我所陳述的這章當作指南來遵守。但是說不定還是會失敗幾次的。用日常會話的語調來做演說的話，也不見得是使人有好感的聲音、文法上的錯誤是明顯的，若是動作不靈活的話，說不定還會使人不愉快呢！

人們每天所說的話，說起來是有改善的必要。首先，在日常會話中要磨練自然的聊天方式，一直達到完美的境界。然後，再把這種語調拿到演講台上去。

備忘錄

一、有關於演說，除了語彙之外，最重要的就是「風味」。「說話的方式是比說話內容重要！」

二、在說話者中，有很多人無視聽眾的存在，眼光老是注視著遠方。這無異於一個人在自言自語，完全沒有將任何意念傳達給對方。聽眾和說話者間彼此的感情傳達是重要的。若像剛提到的那樣，就是扼殺了會話和演說的意義。

三、理想的說話方式和會話，聲調在於率直自然。在任何一種集會場所說話時，你就當它只是對著一般的平常人說話。話又說回來，任何一種集會，不都是一個平常人的集合體嗎？

四、任何人都有演說的能力。如果你懷疑的話，試試將身旁的人一拳打倒看看。那人必會一邊掙起、一邊同你理論——而這就是一篇毫無瑕疵的演說了。我認為如果能這麼自然是很好的。但這自然要不斷的學習和練習。一味的模仿別人也不好。應該在說話中注入自己獨特的個性，和別具的風采。

五、演說時，你要抱持著聽眾會有反對意見的態度對聽眾說話，或是你想像有人會問你問題。然後你就這樣說：「為什麼知道是這樣呢？為什麼這麼說呢？我來做個說明……」

這種方法實在是非常的自然，比起不靈活的聊天方式，實在是有很大的改善。非常從容、又有人情味。

六、真心的説話。怎樣的聖典、教條都比不過真誠的感情，這是對你最有利的。

七、你很認真的和別人説話時，都會不知不覺的實行以下四點。但是，一站到人前時也可以同樣自如的做到下列四點嗎？大部分的人都會忘了的！

- 強調重要的語彙，其他則輕輕帶過。
- 聲音的調子也是重要的。從高音到低音、再從低音到高音，讓它圓滑的流過，如同流水一般流暢自然。
- 演説説得如何呢？不重要的地方要像是快跑一樣，重要的地方就要慢慢説——這種情況是要你把説話的速度調整得疾徐得宜。
- 臨到重要的地方，在其前或後稍做一下停頓，效果是非常好的。

第七章 超完美演說法

有一次，卡內基學會以百名以上著名商界人士爲對象，作了一次智能測驗。結果得到一項結論：「對於成功的重要性，**人品更甚於智商**。」這實在是個值得注意的發現。無論是商界人士也好、教育家也好、其他專家也好，尤其是演說家，這是一個意義深遠的結論：站在人前說話，撇開「準備」不談，其「人品」真的才是最重要的因素，不是嗎？

美國著名的作家哈巴德也這樣說過：「一場好的演說之所以博取聽眾的心，除去其演說內容不說，實在是在於**演說者個性所散發的魅力**。」

然而，「人品」實在是個十分含糊、抽象的概念，就好像去分析紫丁香

的香味一樣地難以測度，沒有一個具體形象可言。

「人品」——若要談它就必須從整個人來說，肉體上的、精神上的或是心理因素——此人的性格、好惡、傾向、氣質、性情、活力、經驗、訓練——也就是關乎此人生活的全部。真像愛因斯坦相對論一般複雜難解。

「人品」幾乎是決定於遺傳與環境，要改變是相當不可能的。但是，我們可用思想來加強它的特性，使它更有力而吸引人。努力的結果，可以將此與生俱來的奇妙東西作最有效的發揮。

如果你想把自己的個性作淋漓盡致的發揮，那麼，你得好好地休養後，再活力充沛地站到聽眾面前！因爲一個疲勞無力的演說者，是缺乏魅力的。

演講準備的最後關頭，也就是演講的前一天晚上，請不要有那再愚蠢不過的行爲——事到緊要關頭還不停止地反覆練習，那將會對你造成過大的心理負荷，會使你臨陣氣竭、活力盡失，且身心衰危的。

說到吃飯，遇到重大的演說前，特別要在飲食上多費神些較好，要避免暴飲暴食，而要以簡便的飲食代之。從前名歌手梅爾巴夫人說：「遇到晚上要公演的日子，都不吃正餐，只在下午五點時吃些魚或雞肉、麵包、水果和一杯開水。所以一直到表演結束時，肚子都是空空的。」

實際上，我直到作了專業演說者之後才開始深切體認到。飽食後的一、兩個小時是無法作好一場演講的，因爲該到我們腦中幫助思考的血液全都跑到胃中去對付那一肚子的牛排、蛋糕了。

「音樂會前，我要是順著自己的意思想吃什麼就吃什麼，那麼體內的食物就會開始橫行霸道，非但會侵入正在演奏中的手指，動作也會變得遲鈍。」──這是名鋼琴家裴德林斯基的話。

1 你的演說有魅力嗎

停止一切會使自己「能源」變鈍的事物。自身的能源有如磁鐵一樣。活力、朝氣、熱勁，是我在甄選演說者時所要求的第一條件。能量充沛的演說者，也就是能源供應穩固的演說者，他的周圍總是冠蓋雲集的。

倫敦海德公園的露天演講場所，是各色人雲集的地方。一到星期日午後，你可以自由選擇各種演講來聽──天主教徒怎樣避免犯錯、社會主義者如何宣揚馬克思的經濟原理、回教徒爲什麼不妨娶個三妻四妾。

但是仔細看一看，就可發現只要有一處是圍滿人群的，他的鄰居（隔壁的演說者）就必然門可羅雀。這是爲什麼呢？難道單單只是因爲演說主題之不同所導致？

不！真正原因在於演說者本身。能夠吸引眾多聽眾的演說者，對自己的主題都極有自信及興趣，因此他的話特別能引起他人的注意。因該演說者將自己的狂熱投入演說，當表達出來時，便充滿了活力和生氣，也因此贏得了人們的青睞。

2 服裝的影響

曾經有一位心理學者提出：「在人前說話時，自己的衣著會給與自己什麼樣的心理影響？」的質詢來徵求意見。

所得到的回答，幾乎異口同聲是：「穿著整齊的服裝站在台上時，就會感到充滿自信與力量。很顯然地，它的影響力是很深遠的。」

由此可知，**外表上的成功是導致成功的秘訣**。因此，你能不注重自己的服裝嗎？

那麼反過來看，演說者的服裝又會帶給聽眾什麼樣的影響？

根據我的經驗，比方說者是男性，鬆垮的長褲，走樣的上衣和舊鞋，口袋裡全是筆、讀過的報紙、或是香菸等、碰一碰都會掉出來似的；女性則是粗糙而塞得鼓鼓的皮包，衣裙底隱約可見裡襯等，這樣的人一旦站到台上，怎麼看都覺得拙劣，無法產生敬意。聽眾不免要認爲：這個人的腦袋大概也和他的穿著一樣雜亂無章吧！

有一個小故事：

美國南北戰爭中，南軍的李將軍到奧克瑪陶克斯法庭去交卸他的軍隊時，身著簇新的軍服，腰佩極名貴的軍刀。而另一方的格蘭特將軍卻穿著平時的軍便服。後來格蘭特在其回憶錄這樣記載了當時的情形：

「面對那樣一絲不苟、整齊神氣的衣服，以及那身長六呎的壯碩身材，當時的我簡直成了鮮明對照，多麼不像樣啊！」

在這樣歷史性的場面上，未能以適當的服裝蒞臨會場，難怪這位將軍心中要留下一生無以彌補的遺憾了。

3 吸引人的笑臉

這是我過去在《美國人雜誌》時，向一位紐約銀行家約稿的故事。我在他寫稿期間，詢問了這位銀行家友人成功的因素。

「理由有很多，但我想最大的理由，應屬一張**吸引人的笑臉吧！**」

乍聽這樣的回答不免令人感覺略嫌誇張，但我相信它是千真萬確的。在這世上，比他經驗豐富、或者判斷力更好的人不知凡幾，然而他卻有別人所沒有的財富，那就是令人喜歡的印象。那張把人溫暖地包圍住的笑臉，正是他最了不起的特質。

這笑臉可以瞬息間得到別人的信賴和善意，這樣的人誰能不接納愛戴呢！

中國也有這樣的諺語：「無笑臉難爲商。」的確，商店櫃台上的笑臉，是人們所樂見的。就另一方面而言，聽演講的人能看到台上的笑臉，不也是一種喜悅嗎？

我想到一位受訓學員的故事。這個人演講站在台上時，總是呈現給聽眾一種他是很喜歡站在那裡講話的表情；而與我見面時，也是用一種發自真心的快樂，永遠是笑容可掬地。如此，聽眾自然被他和煦的氣氛所包圍，而深深喜歡上他了。

相反地，若以冷漠、漫不經心的態度來演講，在演說完畢後，會表現出「啊，總算講完了！」的態度走下台去。

不可思議的是，我們的聽眾竟也有同樣的解脫感，這樣的態度竟是會傳染的。

「物以類聚」——歐弗史托利特教授在其著作《人類行爲的影響》中這樣寫著：「愉快能夠產生愉快。」

演講時，說者若對聽者抱以關心的態度，聽者一方也同樣會對說者持關心的態度，這樣的實例很多。說者一副嫌惡的表情，聽者對他，哪怕在心裡也好，也會同樣模仿他這嫌惡的表情；畏首畏尾、張惶失措的說者，得不到聽眾的信賴；大言不慚、厚臉皮的說者，聽眾也會專橫地反擊回去。

早在上台前，我們已受到聽眾的批評了，無論是非難的或是稱許的。因此，我們演說時，用一種可受到聽眾熱切歡迎的態度登場，這樣的作法不是較妥善嗎？

4 要讓聽眾集中

以演說為職業的我，同一天內再次演講的情形並不稀奇。有時，下午的一場只有少數的聽眾，稀稀落落地坐在空曠的場所，而晚上那場，會場是在半間教室大的室內，聽眾卻是爆滿的。

如果來比較看看這兩場演講聽眾的反應，下午那一場只能使聽眾稍微牽動嘴角的話，晚上卻能引起「爆笑」。甚至下午聽眾完全沒有反應，晚上卻能得到聽眾大聲的喝采，這樣的差異到底問題出在哪？

其中一個原因是聽眾層次的不同。下午來的聽眾有很多是年長的女士，而晚上的聽眾則較多是具有活力的男士，因此真實地表達自己的感受、感情的程度不同。但是這只能說是理由之一，還有其他的原因。

聽眾不能聚在一塊兒、分散開來坐時，聽到什麼話也不易使其心動及共鳴。在寬廣空洞的空間裡，到處都是明顯的空位時，往往無法鼓動聽眾的熱情。

著名傳道人畢吉先生在耶魯大學講〈怎樣傳道〉時說：

人們常常這樣問我：「是否面對眾多聽眾演說，要比對少數人演說來得容易帶動氣氛？」

我總是回答：「不！縱使對方只有十多個人，我也一樣可以像對一千人說話那樣說得好。可是，這十多個人一定得包圍著我，保持著彼此身體幾可碰在一起那樣地親密才行。相反地，即使有一千個聽眾，如果是在一個很大很大的場合，人與人之間相隔了一公尺的話，那與面對一所空屋有何不同！所以，演說時一定要讓聽眾聚集在一起，那樣的話，你用一半的努力可換得聽眾兩倍的感應。」

通常聽眾混雜在一起時，一己的個性便喪失了。群眾成爲一體時，比真正只有一個人更易於受周遭風吹草動的影響。比方，原本一句根本無法令人感動的話，卻可能讓集合在一起的眾多聽眾，因受彼此的影響而笑得人仰馬翻。

人類這種動物，要令團體中的一員行動，遠比令單獨的一人行動來得容易。所謂的群眾心理，你應該了解到這是多麼不可思議的現象了吧！

演說對象若是很少數，就請選擇小的會場，這總比在空曠的大會場來得好。而如果人少，又不得不在大會場時，至少要求大家集中到前方，這是開講前務必要做好的。

此外，聽眾人數有限，身為演說者的你就不必堅持站在講台上，應盡可能與聽眾站在同一層次，如此，所謂的不親切、冷漠都會一掃而空了。彼此間親密的交談，猶如一對一式的會話氣氛，這也是十分重要的。

5 保持空氣流通

不可忘記保持室內空氣的新鮮。

空氣是相當於發聲器官一樣重要的東西。古羅馬的名演說家西賽羅的雄辯也好、齊格飛歌舞團的少女曼妙舞姿也好，如果會場中充滿了污濁的空氣，觀眾必然還是無法興致高昂地坐著欣賞的。

我一向在演講前對在場聽眾說：「請站起來動動，把窗子打開休息兩分鐘。」

當年彭德少尉作布魯克林的傳教士畢吉先生的經理時，在十四年中走遍了全美和加拿大。頂受歡迎的畢吉大師演講之前，彭德上校一定都事先作好會場檢查，仔細地檢視照明、座席、室溫、空調等。

或許是一向對部下大聲吼叱慣了的軍人本色使然，彭德少尉很喜歡施展他的威儀。甚至當場內溫度過高、空氣太壞、而窗子又打不開的時候，他會乾脆把窗子打掉。因爲，他深信：「對傳教士而言，除了神的恩寵外，最重要的就是氧氣了。」

確實，聽來雖有些荒誕，但事實確是如此。

6 足夠的照明

演說，當然不是對群眾表演什麼神奇的魔術，所以在演講會場要盡可能地光線亮些比較好。昏暗、陰氣沉沉的屋內，想要叫聽眾的情緒被你帶起來，說不定比馴服鶺鴒還難呢！

依據戲劇理論，舞台照明是非常重要的一項，而一般演說者對於適切的照明對自身的重要性卻全然不知！

利用照明把你的臉照亮吧！演說時出現在你臉上的那些微妙的變化，正是自我表現的精彩過程，這些表情的變化，具有高於演說內容之上的意義。

站在燈光的正下方，你的臉上會出現陰影！站在燈光的正前方也會產生同樣結果。因此，站上演講台時，請同時檢視一下照明位置吧！請選擇一個對你最有利的位置站立，這也是演說的一個小竅門。

7 勿放置多餘的東西

你可曾注意到你面前的桌子擋住了整個身子？聽眾可能希望看到說話者全身，因此，甚至有人特意把自己展露出來，讓人看得到他整個人。

大抵演說的場合，講台上都會備有方便演說者的水壺和杯子。但是喉嚨乾渴的時候，與其喝水，倒不如含一點鹹檸檬片。因此（說實在的）那些方便人的小道具實在沒有必要。同樣，其他任何東西都只會成爲講台上的障礙，應該一併撤除。

請想想看汽車展示會那樣的寬廣空間。若提及巴黎一流香水店或寶石店的陳設，怎麼樣都是充滿藝術氣息的。

這意味著什麼呢？那就是只有美麗、整潔的場面，才有令人信賴以及憧憬的價值。

同樣道理，演說者應該置身於令人賞心悅目的環境裡。理想的狀況，是一切器具都不放置，尤其是演說者的背後，千萬不要放些會分散注意力的東西。一幅藏青色天鵝絨的布幕則是最好不過的了！

但是現實中往往如何？地圖、桌子，更過分的還有堆積著灰塵滿佈的椅子……結果當然十分明顯；廉價、邋遢、雜亂的氣氛，連你都被感染了。

請拿開講台上所有多餘的東西！台上的你，應該如在萬里無雲的晴空下聳立的阿爾卑斯山——要那樣清晰地展現在聽眾眼前。

8 不要讓來賓坐在講台上

有一次我去拜訪加拿大安大略省某市時，在很巧合的機會下出席了該國總理的演說會。

演說到一半的當兒，突然該會場的工作人員拿著長竿，一一地去挑開各個窗戶。一瞬間，全場聽眾的注意力，全部從總理身上轉移到工作人員身上去了。

要「聽眾」這種動物不去注意動的東西是不可能的——換言之，即缺乏對這種誘惑的抵抗力。如果不忘記這一點，演說者可以省去許多困擾的場面和不必要的焦慮。

這裡有三個範例要注意：

其一，不停地動手指、玩弄自己的衣服，是足以使聽眾注意力轉移的行爲，必須慎防。我曾在一次演講會上，注意到有一個聽眾，大半時間都盯著那位演說者的手看，這情景至今難忘。當時那演說者一面演說，一面無意識地一直摸著講桌邊緣。

其二，經常有人在演講開始後才姍姍來遲。因此演說者爲了儘量避免聽眾的注意力分散，事先應在座位的安排上多留意，儘量設法讓聽眾坐在前排，以免分散在場聽眾的注意力。

其三，請主辦者不要安排來賓坐在台上。有一次，一位著名人士在布魯克林舉辦一系列的演講。當時我與其他好幾人一起被邀坐到台上，但我以：「這樣對演說者不好。」而拒絕了；等到演講期間，坐在台上的來賓表現得蠢蠢欲動，很不沉穩的樣子，而聽眾的注意自然受到干擾。

於是，我把這事告訴了那位演說者，次日他便作了非常明智的處置，這才省去了許多不必要的顧慮。

9 坐也有方法

演說者在開始前就坐在台上似乎不大理想吧！大體上，演說時才登台要比演說前就貿然出現在聽眾面前要好得多。

但是如果非得預先坐在台上不可時，那麼請注意坐的方法。動來動去、東張西望、或是破爛而骯髒的椅子一屁股就坐下來……

這種樣子要是讓觀眾看到，無論你演說的內容多精彩，只怕其價值也要被大打折扣了。

雙腳併攏、背部挺直、全身保持穩定狀況，輕鬆地坐在椅子上，並且恬然而優閒地等待開始吧。

10 從容的態度

前面我已說過，玩弄衣服會讓聽眾的注意轉移到說者的手上。這裡還有一個理由，顯示這種舉動的不當。那就是如此的舉動正表明了你性格上的軟弱及自制力的不足，正好成了你演說的致命傷。

演講時，保持從容的姿態，好好地控制自己的一舉一動，如此自然能獲得精神上的安定以及沉著。

對了，可不要一站上台就急著要開口說話，因爲那是外行人的行爲。首先請深深吸上一口氣，再環視一下周圍的聽眾。如果會場有任何喧囂，且靜靜地等它停止。然後，挺起胸膛來，當然一下子就擺好姿勢也太勉強了，一切視當時自己的狀況而定。如此，一旦站到聽眾面前，就會自然而然地抬頭挺胸了。

路沙．格力克在其著作《講求效率的生活》一書中如此寫著：「通常能夠讓自己在人前適意地以最好的一面展示出來的人，十人中難得有一人。因此，請把頸子貼緊你的衣領，抬頭挺胸地走出來吧！」

然後，他又說：「盡可能緩慢地、用力地吸氣，吸滿後，暫停呼吸，再緩緩吐出。如此，即使你做得太過分了些，但一點也不爲害身體。這體操的目的是要擴展你的心胸。」

那麼，兩隻手呢？最好忘了它們的存在，讓它自然地下垂，就當它是兩串香蕉垂掛在那兒，什麼也不要去多想。誰也不會看見你的手的，請相信，輕鬆的樣子最爲理想。

但如果你是有些神經質，而雙手放在身後、插在口袋中、或是靠在講台上，可以減少你那不安的情緒，那麼就那樣做也無妨。

我曾聽過幾位當代名演說家的演講，有時也看到有人把手插入口袋中；

然而並不影響到其演說的價值與成功。因此，只要說者頭腦清晰、熱情洋溢，手足如何安排都可以，不必太過神經質。

11 善用身體語言

說到這裡，下面我想來談談「手勢」這個問題。最初指導我演說的是某大學的校長，最先的課程就是以手勢爲主題的。但是這所謂的「手勢」之處理，非但沒有必要，甚至還有害！

我所接受的教導是這樣的：「雙手順著雙肩自然下垂，手正面稍向後方輕輕握著，大姆指要微靠在雙腿外側。」接下來：「做出優雅的曲線來，提起手，以古典的味道搖動你的手腕，然後提起的手依食指、中指到最後小姆指的次序依次打開。」

嘿！試看看這樣的體操，或者可以說是儀式，你就知道有多麼不自然、多麼愚蠢了！事實上，這樣的動作實在很矯飾，所有機敏的感覺，或率直的感覺全都喪失了，可是我最初就是受這樣的訓練。

所謂「由手勢中表現出我的個性」，是不可能的，連「我想自然地處理我的手勢」的意識也不允許。——輕鬆、完全自發地運作自己的身體，像平時一樣的舉動，爲什麼就沒有人這麼教我！

有關處理手勢的書非常多，可是所用的紙墨十之八九都被浪費了；一如剛剛提到的公式化動作。手勢這樣東西，實在應該由你自己身上、由你的心裡、由你的思考中、由你對你所談主題深入的程度、由你對他人所要啓示的……總括一句，應該由你發自內心自然產生出來的。

有價値的手勢，只會發生在自然而然的衝動中。

手勢就好比燕尾服，並不是憑著想像而附著在身上的。笑也好、痛苦也好、或者親吻也好、暈船也好，外在的表現不過是內在狀況的自然顯露。所以那必是極富個性的，每一個人都有不同的表達方式，自然的手勢也是非常個人化的。

對兩個人傳授全然相同的手勢是毫無意義的。因爲演說畢竟不同於公式化的舞姿。例如，像林肯那樣慢慢思考事物、對什麼都無所謂的人，以及那些說話快、容易激動、十分幹練的像道格拉斯議員那樣的人，要這兩種人作同樣的手勢，將會鬧出怎樣滑稽的笑話來呢？

手勢的規則，我是無法傳授給各位的，因爲這完全要依說話者的氣質、傳達情意的方式、演講主題、聽眾、當時狀況、事前事後的狀況等因素來決定。

這裡有幾個一般認爲對手勢表達有幫助的要點，讓我來介紹給各位吧。

首先，請勿反覆看來單調而乏味的動作；請勿把你的手勢只從肘部作起，免得顯出笨拙及可笑；由肩部起全手操作的手勢似乎更有力而好看；且不要驟然結束你的姿勢，像是爲了強調什麼而伸出食指時，就持續那動作直到那句子結束。

但是，最重要的還是：「只採取最自然的手勢」，如果在練習時，雖然勉強但還是加入手勢練習吧，那將成爲一種刺激，沒多久便在無形中變成自然反應出來的手勢了。

請收起你的書——那些教你「做」姿勢的書——因爲最足以信賴的姿勢、還是發自你內心的那股衝動，而這些是任何老師都無法傳授給你的。

有關手勢，只要記住下面的話便足夠了：任何人，只要自己有什麼非說不可的話，極想要將它傳達給對方時，自然而然會隨著內心的衝動而傳述出，並自然地用動作表達出來。那時，他所表達的話語及手勢不必經過事前練習、不需修飾指揮便能自然地表現得淋漓盡致了。如果你跑到人家面前，舉起拳頭把他打倒在地，你看他是不是會立刻爬起來，恨不能把你吞下去。當其時，他的一言一行，是多麼流利而無可挑剔，而那些卻正是我們演講時的最佳模範！

「裝得滿滿的一桶水，打開木塞之後，裡面的水自然會汩汩地流出。」這句話，不正是演說方法的最佳比喻嗎？

備忘錄

一、演說勝負的決定不在乎用辭如何，而完全在於演說者的態度，與能否發揮他個性的魅力。

二、疲勞時不要從事演講。應該要先做充分休息，養精蓄銳，恢復元氣。

三、演講前最好不要攝食過量。

四、穿著清爽的服裝。自己穿著整齊，便不自覺地產生自尊及自信。對穿著不當的演說者，聽眾對其敬重之情自然淡薄。

五、笑容常駐。站在台上時，要表現出演講是件再美好不過的態度。演說者若關心聽眾，聽眾也會對說者抱以關懷，因此一開始我們就應該用一種能夠引發聽眾熱烈反應的方式去面對演講。

六、請儘量使聽眾聚集在一起。只要把聽眾緊密聚合在一起，「群眾心理」便能使人群一同哭、一同笑、一同喝采，一同點頭，而結合成一體了。

七、人數少的演講場合，就選擇小的會場，寧可那樣地聚集聽眾。此時演說者也不必站上台，不妨就站在地面上演說。那樣子，你的演說親和力會大增，在摩肩接踵中談笑風生吧！

八、注意保持會場空氣的新鮮。

九、照明要充足，此外演說者要選擇好位置，讓光線適切地照在你的臉上，也讓聽眾能清楚地看到你。

十、講台後方勿放置東西，儘量保持背景的清爽。

十一、注意勿讓來賓坐在講台上，因為他們任何一點動靜都足以左右聽眾的注意，一旦眼中發現有動的物體，便無論如何都想去瞧出個究竟。

第八章 如何開場

我曾經問過西北大學前校長哈洛德博士：「一個演說家，長年累積的經驗是什麼呢？」

博士沈吟半晌說道：「開頭要說些能抓住聽眾情緒的話。」

博士說開頭和結尾的一字一句都不能馬虎，事先應充分地在腦中思考。凡有常識和經驗的人，一定實行這樣的事。那麼，初學者如何呢？

已故勞斯克里夫公爵，從一個只有微薄週薪的薪水階級，搖身一變而成為大英帝國最富裕且最有影響力的報業大王，他的成功得力於這句話：「預知便是支配未來。」

這對於正在準備演講的你而言是很重要的。在演講結束後，若已說了什麼無法挽回的話，會變成怎樣呢？會給聽眾留下怎樣的印象呢？在準備演講時，你就應該預想到這一切了。

從亞里斯多德的時代起，演講就被認爲是由「序論」——「本論」——「結論」三部分構成的。

但是，近幾十年來，由於時代的演變，一切都科技化，人們講求的是速度。因此，如果你現在仍想用一段序論的話，那你非把它預備得十分精要不可；因爲現代人非亞里斯多德時代的聽眾可比，他們有的是急躁的脾氣——「你有什麼話要說？好吧，那就快說吧！」

因此，把你的要點講完就歸座，**不要多說一個字的廢話**。

美國第二十八任的威爾遜總統，當年在議會演說關於潛水艇戰最後通牒的重大問題時，僅僅三十四字就立刻抓住了所有聽眾的耳目：「我國在外交上發生了嚴重的事。將那件事坦白地傳達給各位，是我責無旁貸的義務。」

鋼鐵大王的助手查理斯·古柏在紐約的賓西法尼亞俱樂部演講時，這位演講的名手，在他的第二個句子，就已牢牢地抓住了聽眾的心。他說：「今天我國人民最注意的事大概是經濟的不景氣，這到底意味著什麼呢？明天又會演變成怎麼樣呢？——我看，非常樂觀。

但是，對於初次登台演說的人來說，用這樣簡潔有力的句子作爲演講的開頭，是相當困難的。我來介紹兩個沒有受過說話訓練的人說話的方法給你看看——

1 避免刻意製造幽默

一個初次登台演說的人，常常以爲他應該像一個演說家那樣帶有幽默感。但是，他平時言行也許嚴肅得像百科全書一樣。

然而，當他一站在講台上，便好像幽默家馬克·吐溫的精神傳給了他似的，一開始就很想講一則幽默故事，尤其是在飯後舉行演講更易發生這種情形。結果，他自鳴得意的作風，反使聽衆感覺像讀字典一樣乏味，他的故事根本不曾引起人家的興趣。

一個舞台上的演員如果對觀衆說了幾則自以爲幽默，而實際上很乏味的故事時，會立刻被喝倒采，甚至驅逐下台。

當然，演講台下的聽眾，是要文雅得多，他們比較有同情心，但是他們雖然受同情心驅使，而表面上勉強克制著不對演講者發出笑聲，心裡卻不禁在可憐著他的失敗。也許諸位讀者還未見過像這樣有趣的場面，但是我已看過許多次了。

在整個演說中，沒有比引起聽眾高興的發笑更為困難了。幽默是一種十分微妙的事，和一個人的個性有著密不可分的關係。有的人生來就有這種天才，但有的人卻沒有。

一個沒有幽默天才的人，如果勉強裝出幽默，正和一個藍眼睛的人想把他的眼睛改成黑色一般不可能。

你要記著，一個故事的趣味，很少含在故事的本身裡，之所以能夠有趣，完全得看講故事的人是怎麼個說法。

如果你確知自己具有幽默天才，那麼你就應該努力培養你的這份才華，使你無論走到什麼地方，都能倍受歡迎。但是，如果你的天才不屬於這方面，那麼你硬要去求幽默，反而是「東施效顰」，弄巧成拙了。

序論中的所謂幽默，要和演講內容有關聯，就像是提供一些問題的具體說明似的。幽默就好像裝飾蛋糕的奶油，卻絕對不是蛋糕本身，所以只能巧妙地裝飾其間。

那麼，演講的開始就一定要沈甸甸而且很嚴肅的嗎？

當然不是！

如果可能的話，不妨談一些涉及當時當地又使人發笑的事；或引用別的演說家說過的話；也可以誇大其詞地去批評一些不合理的事。這樣的幽默，比起引用平常那些引人發笑的事，有較多的成功機會。

接下去介紹的是英國作家吉卡林格在英國舉行的政治演講開頭的一部分，請注意他的幽默。他以自身的體驗代替現成的小故事等等作爲資料，來引發聽眾的笑聲：

「我在年輕的時候，一向住在印度，我常常替一家報館採訪刑事新聞。這工作是非常有趣的，因為它可以使我有機會去認識一些偽造貨幣者和竊盜、殺人犯，以及這一類富有冒險精神的天才。（聽眾大笑！）

「在我採訪到他們被審判的情形後，有時還要到監獄裡去，拜訪一下我們那些正在受罪的朋友，（聽眾又發笑！）我記得，有一位因為殺人而被判無期徒刑的人，是一位絕頂聰明而善於說話的青年，他告訴我，他認為他一生中最重要的話是：

『我覺得一個人一失足跌入罪惡的深淵裡，他一定要從此為非作歹不止，最後他竟以為只有把別人都擠到邪路裡去，才可表現自己的正直。』（聽眾大笑！）這句話也正是現在內閣的妙喻了。（聽眾的笑聲和鼓掌聲嘩然並作！）

再舉一個例子給各位：這是美國二十七任總統塔伏特爲大都會人壽保險各高級主管演講中的一段。

請看他如何以他的幽默，巧妙而切實地獲得聽眾的贊同——

大都會人壽保險董事長以及各位同仁：

大約九個月前，我在家鄉聽到一位紳士所作的餐後致詞。席間他一再表示自己對致詞感到不安等等的話，但他卻說了這樣的話：「我曾向演說經驗豐富的朋友求教，他告訴我：『餐桌致詞中最佳的聽眾，是要有高等的知性水準、學養豐富，而且已經醉了一半。』」（笑聲、鼓掌聲）嗯，我想我必須這麼說：「今天在座各位正是餐桌致詞上所說的最佳聽眾。當然，各位並沒有『醉了一半』，但我想各位具有足以補足這點而有餘的東西。（鼓掌）那是什麼呢？我認為，那就是大都會人壽保險的Spirit（譯注：Spirit除了有「精神」的意思，也可作「酒」解釋）」」）全場喝采聲不絕於耳。

2 不要以道歉作開場白

初學者在演講一開始，最容易犯的錯誤就是，用道歉來作開場白：「我笨嘴笨舌……準備也不充分……也沒有什麼特殊的看法……」等等。

請不要採用這種說話方式。這種話只會使聽眾內心產生一種想法：「既然這樣的話，還有什麼好說的！」

如果真的自己沒有充分準備，這樣一說豈不正向那些尚未識破你底細的聽眾明白宣告：「我沒有準備好」嗎？

你會認爲那樣的說法是一種謙虛的美德嗎？其實這種說法和「今天來的聽眾也不會聽我精心準備的演講，索性拿現成的舊資料充充數吧！」這樣的意思，同樣是對聽眾的一種侮辱。聽眾絕不是爲了聽你的道歉而來的；他們是爲了聽取知性或意味深遠的話而專程趕來的。

聽眾站在你面前時，至少有五秒是全神貫注地注視著你的。但是，這種注視不會持續太久。如果你輕易放棄了這樣的注視，想再挽回，得費雙倍的工夫。因此，開場白的內容非常重要，接下去第二、第三回的起始內容反而都不太重要了！

那麼，怎麼開場才好呢？這實在是個難題，必須從各個角度來探討，得從自身、題目、旨趣等各要素著手整理歸納才行。本章接下來所述及的幾個啓示，或許對你多少有所幫助。

3 先引起好奇心

請看下面郝維魯．希利在費城的某俱樂部所作的演講開場部分。你認爲如何？看了下面的內容或許能提高你的興趣吧！

「八十二年前，大概正是像現在這時候，倫敦有一本小書出版了。這本書其後成為曠世不朽的名著，在當時就已確定了它不朽的生命。很多人稱它為：『世界最偉大的一本小說』。

「該書初上市時，倫敦街頭的人們見面時都會這樣問道：『那本書你讀了沒？』、『當然讀了，那作者實在是個奇才！』這書出版的當天即賣了一千本，半個月內賣了一萬五千本。然後不知再版了多少回，有世界各國的譯本。

「數年前，美國大富豪J．P．摩根以巨款買下這本書的原稿。並且將此原稿收入他位於紐約，名叫『我的書齋』的一幢雄偉的美術館陳列室中，與其他所有珍貴的收藏品一同陳列。

「說到這裡，這本聞名全球的小書到底叫什麼名字？那就是狄更斯的《耶誕讚歌》。」

這樣的開場白如何？它成功的最大因素就是：**引起了你的注意**，然後隨著說話內容的進展，引發了你：「咦！他說這話到底有何用意？」的好奇心。

「好奇心！」世上能有不好奇的人嗎？不！不止人類是這樣。有時我在森林中行走，會有鳥類連續好幾個鐘頭不斷在我頭上盤桓，這必然也是鳥類的好奇心所使然。我認識的一位狩獵家，說他在阿爾卑斯山上，利用裹著被單在地上往返摩擦，來引發「夏麋Shammy」（**南歐及西南亞一帶的羚羊**）的好奇，好使牠們接近自己。狗、貓也會受好奇心驅使，經常對著奇怪的東西看個不停。

因此，你也要用演講開始的第一句話引起聽眾的好奇心。如此，聽眾必然會津津有味地聽進你接下來說的每一句話。

如果要談阿拉伯的勞倫斯時，我會以下面的話爲開始——前英國首相路易．喬治說過這樣的話：「我認爲勞倫斯上校才是最浪漫、最耀眼的人物。」

這樣的開場白有兩項優點：其一，引用名人的話，非常能夠吸引聽眾的關心；其二，可以引發他們的好奇心：「爲什麼說他浪漫？」或者「爲什麼耀眼？」這樣的疑問一個接一個地出現，然後便想著：「我還沒聽過勞倫斯這個人的事蹟呢，到底是個什麼樣的人物？」

同樣是勞倫斯的話題，換成托馬斯會這樣開口：

「有一次我走在耶路撒冷的基督大道上，迎面而來一位穿著東方皇帝般華麗服飾的男子，他腰間佩著只有穆罕默德子孫才有的那種三日月形金刀。但是這個男子長得一點也不像阿拉伯人，他有著一對藍眼珠。若是阿拉伯人，眼珠應該是黑色或茶色的才對……」

這也是一種很能引起好奇心的說法。因爲聽眾會產生一連串的疑問：「那男子是誰？」、「爲什麼打扮成阿拉伯人？」、「那後來又如何？」……

「相信大家都知道世界上至今仍有奴隸的國家，還有十七個之多吧？……」這樣的開頭，不但引起了聽眾的好奇心，簡直就是給了他們一個震撼。和人說話時，像這樣先把結論引出來，使想聽原委的聽眾大發好奇心的例子很多。

還有一位受訓者使用了下述衝擊性強的話題作開場：

「最近參議院開會時，一位議員從容不迫地走上台去，劈頭便道：『本州不制定一條法律，禁止校區兩公里內的蝌蚪變成青蛙？』聽到這話的人大概都會失聲大笑吧——「這什麼玩笑！」、「笑死人了！」……在這些反應後，這位受訓者便繼續說下去：「是這樣的……」

這種技巧並不限於演講，構思巧妙的小說家、或是開頭第一行就要引起讀者關心的專欄作家，我想都可以由他們高明的寫作技巧上覓得。與其翻遍所有有關演講的書，還不如讀一讀報章雜誌上的新聞，那對如何處理演說起頭的幫助更大。

4 引述具體的例子

對一般聽眾而言，抽象話聽的時間太長是種折磨。比較起來，如果能舉出具體的例子，一定可讓人聽得很痛快，或是將話題用故事的方式表達也很理想。

人們總愛側耳傾聽他人的經驗談，當你一說到：「有這麼一件事」、

「有這樣一個人」時，節奏必然變得輕快，而聽著也跟著留意起你要說什麼。

請改變演講的開場說一般話之習慣，請儘量提出具體的話題，而將一般論點和抽象論點置於其後，如此才能一上台就引起聽眾的興趣。

5 採用實物給聽眾看

集中聽眾注意力最簡單的方法，還是**訴諸視覺**吧！隨便什麼東西都可以，試著手中高舉一樣東西看看，無論人或動物，都會受到這樣的刺激而傾注自己的注意力。這種手法對任何聽眾都有效。

某人試過這樣的方法：一開始演講，手指就捏著一枚硬幣，高高地舉在頭上，聽眾便注視著那手指。於是他開口說：

「在座各位當中，可有哪位拾得這種東西？如果有，那麼這位來賓就是最幸運的，他可以在現在這個開發區，免費獲得一塊土地，只要把這個東西交出來即可……」

說過這段話後，他就提出一個問題，請聽眾幫他思索，然後就對類似這樣的各種詐欺事件，展開嚴厲的抨擊。

6 提出問題

前述例子裡，還有一項優點，那就是向聽眾提出疑問，讓他們與說者一同思考使說者得以緩和情緒，並幫助聽者來共同面對問題。

這種問答方式不但簡單，更可使場面氣氛輕鬆，使聽眾敞開胸懷。如果其他方法行不通時，你不妨常常利用它。

7 借用名人效應

只要是名人的話，就一定具有吸引力。因此，若能適切地運用，必可炒熱一個議論的開始。猜猜看下面所要介紹的，有關「成功的商業」之開場如何？

「名心理學家哈巴德說：全世界只對一件事物肯用金錢與名譽來大力褒揚它。」接著他又說：「這事是什麼呢？就是『主動精神』。所謂主動精神，就是在別人之前去做某事，也就是不等待別人催促便去做的精神。」

作爲開端的短句子，有其重要的特色：「最開始的句子，首先引起了好奇心，具有推動聽者一步一步向前邁進的力量。」

「『名』心理學家……」這個「有名」的名字，如果在適當的時機由口中冒出，想必聽眾更要側耳傾聽了。

第二個句子便要將聽者引入主題中。

然後第三句，是一個疑問，這裡便把聽眾導入思考中，這種促使聽眾親自去思考的方法是非常具效果的。

第四句時，便下了「主動精神」的定義。

這是開場白的一段，說者具體地說明了「主動精神」，並展開了引發詼諧性的關懷的內容，實在是構思巧妙。

8 聽眾最關心的是什麼？

就聽眾自身最關心的事，直接作爲演說的開端，是最佳的開場白。這是大家都知道；但若說到其實際活用時，可就不是那麼簡單了。以下是某受訓者關於森林保護之切要講演。他是如此開場的：

「我們美國人，應以國家豐富的資源為傲。」

然後他又說：「我們美國人應感到羞恥的事，是以極快的速度在浪費森林資源。」未免失之含糊空洞了，欠缺使聽者認知其主題和我們有著多麼重大的關係。

當時在座的群眾中有印刷業者，對他來說，森林的破壞是具有切身關係的。另外還有銀行職員，如果森林破壞影響到了國家的繁榮，那對金融界不見得不會涉及到。

如果朝這個方向來發展，這樣的一個主題可說是對每一個聽者都大有關係的。因此，演講若從這裡著手就對了——

「現在我所要談的題目，○○先生，與您的印刷事業大有關係！××先生，這與您的銀行也有關係呢！事實上，這個問題和物價及我們正在支付的房租都脫離不了關係……不！應該說這是與全人類幸福、繁榮都有關係的問題……」

這樣的方式絕不是誇張，只是一種技巧罷了。

9語不驚人死不休

雜誌先驅S．麥克勞爾這樣說過：「好的雜誌報導，就是一連串的震撼！」

震撼！可以使我們從醉夢中驚醒。

費城「樂天俱樂部」老板哈里．琴波有關「犯罪」的演說中，一開頭便「語不驚人死不休」地說：

「美國人是世上最惡劣的犯罪集團。這麼說，想必令諸位驚訝不已，然而，這卻是千真萬確的事實。在俄亥俄州的克里布蘭多市，有著高出倫敦六倍的殺人犯；若比較盜賊的數目，則比倫敦多一百七十倍。每年在克里布蘭多市中，被偷、被竊、被襲擊的被害人數，遠超過英國全國的同樣被害者的人數。此外，聖保羅市每年被殺害的人數，也超過英格蘭及威爾斯的被害者人數。乃至於紐約殺人案件的數量也高於法國、德國、義大利、英國等國。

「可悲的是犯人們在這個國家並未受到應有的懲罰。換句話說，在這個國家，以一個愛好和平的市民來說，因罹患癌症死的機率，比因射殺某人而被判死刑的機率還要高出十倍之多！」

雖是聳人聽聞的內容，但是作為演講的開端卻極為成功，那是因為演說者在自己的措辭中注入了力量與誠意。所以這些詞句是有生命、有氣息的。令人驚駭的內容之中，必須要包含適切的活力，如果只是文字的堆砌，便無法產生像上例那樣動人的力量了。

10 用偶發事件來穿針引線

您認為這樣的開頭如何呢？

「昨天，當我所乘坐的火車通過離當地不遠的城鎮時，我想起到二、三年前在這個城鎮舉行過的某個婚禮的種種。」

說這段話的人，是要舉出未成年者婚姻失敗的例子，並述說此種婚姻是多麼的不適當。這是美國尚未明令禁止未成年者結婚時的事。

我認爲這種開頭方式非常好。最前面一句話先道出了一段興味盎然的回憶，引發了聽者想更進一步的興趣。這段開頭沒有絲毫的做作，很自然地便引起熱烈的回響。

精緻且過度矯飾的談話內容，容易令聽眾敏感地察覺而排拒。所以，隱藏技巧的技巧也很重要。

備忘錄

一、演說的開頭非常困難卻又極為重要。此時聽眾的感覺不但很新鮮，對任何事也都容易產生印象。如果認為順其自然就好，那是很危險的。還是應該在事前做好充分的準備。

二、開頭要整理得簡潔流暢，並導入主題。

三、能夠很技巧地穿插些幽默的話，這是一項才能，不管任何話題，至少都要與題目有直接關係才可以，如果理由只是為了有趣，那是不行的；因為幽默是裝飾蛋糕的奶油，而不是蛋糕本身。此外，近似道歉的台詞也不太好，例如「我不擅言辭……」等，這對聽眾而言無異於一種侮辱，會令他們感到很掃興的。

四、提早集中聽眾的注意力有幾項要點：

・引發其好奇心。
・以「經驗談」等深入聽眾的心坎。
・列舉具體的例子。
・利用實物。
・提出問題。
・引用名人的名言。
・說明演講的內容與聽眾的利害有關。
・語不驚人死不休。

五、不要以艱深的言辭或空泛的理論來做為說話的開始。要若無其事地，慢慢地給予聽眾自然的印象。讓聽眾感覺是以剛剛所發生的事做為話題。（例：「昨天，我所搭乘的火車通過某個城鎮時，我想起了某件事情……」像這樣若無其事的開端。）

第九章 如何結尾

演講的開場與結尾，是最能表現出其巧拙的部分。即使在演劇界也常聽人說：「從進出舞台的方式，可以看出該演員的優劣。」和這個是同樣的道理。開端和結尾，不論任何事情，若想技巧高明地順利完成，最初和最後均疏忽不得。

結尾好的話，整體都好——在演講的場合，結束話題的方法也要格外注意，因爲最後所說的一句話，將長駐聽講者的耳朵裡。

然而，初試者似乎不太了解此重要性，所以往往用不動人的方法來終結演講。

例如，像這樣的說詞：「關於這個問題，我所能奉告的只有以上這些。因此，容我就此結束此演講。」這不能算是結束方法，即使再外行的人，也不該用這種不能原諒的方法。如果所有該說的話都說完了，那麼此時的你就應該儘速鞠躬下台，留給聽眾自己回味的空間及權利。

一旦話題開始之後，就不知該如何結束比較好的人，總是在原地打轉，雖然很想及早結束話題，但是越焦急便離終點越遙遠，最後終於陷入只能留予聽眾壞印象的困境。

因此，事前一定先考慮好結束話題的方法。站在聽眾面前，盡全力講演的當時——也就是在自己全神貫注的時候——才來考慮結尾方式，你能說這是聰明的辦法嗎？

即使是被稱爲卓越演說家，能流利自在地遣詞用句的人，也要預先想好結尾的詞句，乃至於一字不漏地背誦下來。越是缺乏經驗的人，越需要學習這項目，然後應該要反覆地練習。

此外，太相近的措辭也要避免重複使用，在表達方面請多下點工夫。

在即席演講的時候，因爲經常要依聽眾的反應而調整演講內容，所以預先想好兩三個結尾方式比較妥當。

在講演當中，有人會隨便的橫講開去，最後就像沒了汽油的引擎般狼狽掙扎，即使站再久也無法結束演講，在幾度被迫嘗試突破之後，仍會突然中斷，沒了下文。像這種類型的人，當然更需要做萬無一失的準備練習。如果用引擎作比喻，則需要更充足的汽油。

新手最容易犯的是唐突的結束方式。這些人的結尾既缺乏平穩，也沒有潤飾的過程，就毫無預兆地突然結束演講。這樣只會給聽眾帶來不愉快的感覺；就好比原本很親切地和你聊天的對手，突然中止談話，一聲不響地跑出室外而不知去向一樣。

當年，林肯在就任第一次總統所草擬的演說辭，也犯了這種錯誤。這篇演說是在政治情勢緊張的時期發表的（**在發表僅僅一個月之後，便發生了大暴動**），那時候以南方的國民為對象的林肯，原本打算如此結束演講：

「掌握南北戰爭關鍵的，並不是我，而是在於心中充滿不滿的諸位同胞的手中。政府是絕不會攻擊你們的。你們雖然不曾立下一定要推翻政府的誓言，我卻有一種神聖責任，要決心保護政府和扶助政府。在你們沒有立誓不破壞政府之前，我絕不會畏縮而不去衛護政府。『戰爭？和平？』這個嚴重的問題，完全操在你們的手中！」

林肯拿這篇演說稿交給國務卿西華德看。西華德指出這結束太魯莽些，易於激怒聽眾，因此他擬了兩篇，林肯接受其中的一篇，略加修改，然後發表。結果他就任第一次大總統的演說，充滿了優美的詩意而達到了友善的頂點，不再有惹人怨怒的唐突了。

那結尾是：「我們是朋友而不是仇敵。雖然我們的情緒，有時候相當緊張；但我們的友情，卻不能因之而破裂，我們絕對不應該成爲仇敵的。神秘的音弦，將奏出全國統一的樂章，通過每一個戰場，烈士的墳墓，到廣大地域的生靈和家園裡。」

初學演說的人，怎樣把自己的情緒，很恰當地用在演說的結尾呢？這是沒有定性規則的，它和一個人的修養一樣微妙得很。它完全是一種感覺，但這種感覺是可以養成的，就是多多學習一般大演說家所用過的方法。

現在，讓我來介紹可以算是模範中的模範——林肯總統演說的結尾部分。這是連任總統時的就任演說，末尾光明正大的語句，其穩重令人覺得像管風琴的美妙音色，已故的牛津大學校長克魯遜伯爵就評論爲：「這是人類的光榮與珍寶……是人類神聖的雄辯之純金。」

下面就來摘錄林肯的演說——

「我們衷心祈求戰爭的大悲劇及早遠離我們的世界而去。但是，如果持續戰爭是神的旨意，我們人類一定要說：『神的判斷是絕對真實且公平的。』對任何人都要慈悲而不要懷恨。一旦被賦予了可以透視正義的慧眼，我們是否應該毅然地貫徹正義的立場，並親自完成這項工作？我們是否應該伸出雙手，醫治國家的創傷——紀念戰死的烈士，以及因戰爭而造成的孤兒寡婦，以達人與人之間永久的和平？」

我認爲這項演說是人類有始以來最精彩的演說。演說的記錄雖然不計其數，但是像這段充滿仁愛人道主義光輝的演說，除此之外我還不曾見過。

威廉·巴登在《林肯的一生》中說：「林肯首次就任的演說確實偉大。但是，他連任總統的第二次就任演說，比那次還更偉大。那是林肯一生中最感人的演說，可說是將他的智慧及精神力量發揮到極限。」像卡爾・凱斯這樣的政治家也評論道：「這項演說的終結部分，無異於聖詩。美國歷來的總統，從未對美國民眾講過這樣的話。」

對諸位而言，或許不會像林肯一樣得到發表不朽演說的機會，但你不妨認真地去思量那些對你有幫助的要領。

1 精簡想說的話

縱然只是三、五分鐘的演講，演說者往往會恣意地擴大話題。結果，即使講到了結尾的部分，聽眾也經常會全然抓不住重點。然而，幾乎沒有人注意到這一點。那是因爲說話的人將想說的話，全部都記在腦海裡，而錯認聽話的人也應該能夠了解。其實，那是毫無道理的誤解。

即使是說話者反覆練習的詞句，對聽眾而言仍然是初次耳聞。如果將這些詞句一段接一段的東拉西扯，聽眾會覺得雜亂無章而不知所云，而幾乎完全無法了解。

「首先，告訴聽眾即將開始演講，其次開始演講，最後通知聽眾演講已結束。」——據說這是愛爾蘭某政治家所說的話。到底是名言，能一針見血地說出要點。

「各位，關於防險柵欄的設置，據東部、西部、北部各區域的使用經驗，可以作爲防止事故的對策，而且從一年中所節省的經費實績來看，我們堅信我們南部也應該即刻設置同樣的裝置，並奉勸各位同意我的看法。」

——這是芝加哥某鐵路公司的運輸部長所做的演講，僅僅是聽最後一段，就能了解全部的意思，因爲短短的這幾行字，簡略地概括了他所想表達的話。請各位一定要活用這項討好的技巧。

2 衷心地道出褒獎

「要加速偉大的賓西法尼亞州新時代的到來，要努力領先其他各州。賓西法尼亞州是鋼鐵的生產重鎮，是世界最大鐵路公司的發祥地，也是美利堅合眾國的第三大農業州。換句話說，是我國的商業中心。像現今這樣，賓州的前途無限，其獲得推動美國進步的主導地位，是指日可待的。」

鋼鐵大王安德魯．卡內基最得力的助手，史考伯如上地結束他的演講。賓州的聽眾們的興高采烈是不難想像的。

那實在是令人佩服的結尾方式。但是，如果沒有誠意，便會成爲肉麻的奉承。所以，不能隨便地說些誇大的話，因爲不真切的詞句，只不過是虛僞文句的推砌罷了，就像是僞造的硬幣誰都拒絕接受一樣。

3 以幽默的語句結束

某劇作家曾經說過：「你必須使『再見』出現在聽眾的微笑中。」也就是說，這種結局都是可喜的。但是要怎麼做才能達到這個理想呢？這是相當重要的問題，值得你去斟酌。

英國前首相路易．喬治對一群公理會的教徒演說關於「約翰．維斯萊墳墓」的嚴重問題，誰都不敢期望在末了時他會使聽眾發笑。然而，他竟輕易地做到了。

我們且看他是怎樣做的——

「你們大家都動手修理他的墳墓，這令我十分高興。這座墳墓，是應該受尊敬的，他是一位有潔癖的人，他曾說過：『永遠不要叫誰見到一位衣裝襤褸的公理教徒。』由於他這個主張，所以至今諸君永不再見到衣衫襤褸的人（笑聲），如果你們讓他的墳墓傾頹，豈不是太不像話了嗎？

他曾走過一家人家的門口，門內跑出一位少女，向他喊著『維斯萊先生，上帝保佑你。』大師的回答是：『年輕的女郎，要是妳的臉蛋兒和衣裙清潔些，那妳的祝福當更有價值了。』（笑聲）這就是他厭惡不整潔的一種表示，所以我們也不能讓他的墳墓不整潔。

倘使他的靈魂在這裡經過，見到了不整潔的墳墓，那將比任何事情都更令他傷心的。這是一座值得紀念而令人崇敬的聖墓，你們必須要好好加以看護，這是你們的責任啊！」（歡呼）

4 引用詩文做結尾

演說的結尾，如果做得恰當，是最容易討好的。其中最理想的莫過於用幽默的引用名句及詩文名句了。而以適當的詩文名句來結束，最能顯示你的高尚和清逸。

英國扶輪社的亨利．伍德爵士，在愛丁堡大會席上對美國扶輪社的代表演說，演說辭的結尾是：

「你們回去之後，就會寄給我一張明信片的。即使你們不寄的話，我也必要給你們每位寄一張，而且你們很容易猜到是我寄的，因為上面沒貼郵票。（眾笑聲）

我將在上面寫著：

季節自來自去

萬物按時凋零

唯有——我對你們的深情，永遠像鮮花般的艷麗芬芳。」

這一首詩極合伍德的個性，而且也極貼合他全篇演說的旨趣。但如果一篇嚴肅的演說的結尾，由一個嚴肅的人來引用這首詩，那也許會弄得氣氛不對，且極可笑。我講演說術的年數越多，越覺得一般制定的法則「想出各種情形，都能適用」，是完全不可能的。大半還得看事情、時候、地方以及聽眾的情形而變更，大家都應該像聖保羅所說「各自去想救出自己的辦法」才好。

這是在紐約所發生的事情。在為某人舉行餞別會時，列席的十多人以臨別贈言，祝福那即將動身遠去的人活躍於新的環境。其中只有一人以動人的言詞來終結贈詞，那個人是引用某首詩，真情洋溢，甚至令人感動得流淚。內容是這樣的：

「再會了，祝你幸福！所有你期待的願望，我都將為你祈禱。

我學習遙遠的東方人

把我的手放在胸前為你祈禱——

願阿拉的祝福降臨你身

不管你從何處來

不論你往何處去
願阿拉崇高的偉業
來日包圍在你四周
不管是工作的白晝
不論是休憩的夜晚
願阿拉的愛永遠祝福著你
我學習東方國度的人們
把我的手放在胸前為你祈禱
願阿拉的和平與你同在。」

位於布魯克林L．A．D汽車公司的阿伯德副總裁，曾對員工以「精誠團結」爲題發表演說，其結尾部分也是引用詩句。那是引自紀卜林的〈熱帶叢林Ⅱ〉——

這才是叢林法則

如天空般的真實
護守法則的狼得以繁衍
破壞法則者則歸於滅亡
如攀爬在樹上的長春藤
叢林法則不斷地傳佈蔓延
狼群的力量就是每隻狼的力量
因為狼的力量已化為狼群的力量。

如果您也想在結尾引用適當的詩句以作爲演講的壓軸，你可以參考圖書館中「實用詩詞名句集」之類的書籍；此外，聖經中的文句也很有幫助；或者請教有經驗的人也可以。

5 製造高潮

誰都希望自己的演講高潮迭起。實際上，是否真能很巧妙的用？那是非常困難的事；相反地，若是能做得很好，則沒有比那更完美的了。

不愧是大演說家林肯，他也很擅長製造高潮。在一席關於尼加拉瀑布的演講中，用了許多襯托，隨著內容的演進，其對比也隨之加強。希望各位能注意並學習他的手法——在說明尼加拉瀑布的古老時，引用哥倫布、基督、摩西、亞當等做爲襯托，進而使說服力漸次加強：

「尼加拉瀑布使得無限的往事，又再度地呈現在我們面前。如：哥倫布發現我們美洲大陸的時代、基督在十字架上痛苦地掙扎的那一天，摩西率領著猶太人橫渡紅海的時候、甚至亞當從創造主的手中誕生的時候，尼加拉瀑布就一直像今天這樣濤濤地響在這片大地之上。

在美洲大陸的地底深處，被埋著的上古時代恐龍的眼睛，也曾經像我們現在一樣凝望著尼加拉瀑布。它與人類最古老的種族並存在同一時代，甚至遠在人類誕生之前它就已經高掛在那裡了；然而，今日的尼加拉瀑布仍然和一萬年前一樣充沛有力，並且鮮活如昔；而長毛象等上古時代的生物，如今只剩下巨大的殘骸以證明牠曾經存在的事實罷了！

那些生物所眺望過的尼加拉瀑布，依舊源遠流長至今，既不乾涸亦不凍結，既不睡眠亦不休息，永遠是在怒吼、在奔流。」

6 在適當的地方放上句點

一定要練習並努力地探求演講的適當開場白與結語。如果發現了，就要儘快練習，然後更加簡潔地整理過濾。

爲了順應這忙碌、繁忙的時代潮流，演講的內容也有必要整理得更精簡，若是絲毫未經整理，想長篇大論、雜亂無章地演講的人，只會帶來被唾棄的後果。

你必須努力搜尋好幾種演說的開頭和結尾，而自其中選擇最妥善的拿出來應用。

如果演說者沒有精簡、縮短他演說的能力，他不但不會受人歡迎，而且，有的時候還要使人討厭。

像保羅那樣的聖人，在這方面也不免出錯。

有一次，他在講道時，一個青年，名叫尤迪基斯的，因爲對他的演說不感興趣，倦極入睡而竟被擠出窗外，身受重傷。

還有一位醫生，某晚在布魯克林市的大學俱樂部演說，本來就已是一個時間漫長的宴會，到他演說時，更是凌晨兩點了。如果他識相一些，就應該三言兩語的快快說完，使聽眾可以早些回家。然而，他卻用了四十五分鐘的時間發表一篇反對用活的人體來解剖的激烈演說。

當他才講到一半，聽眾們就希望他像尤迪基斯一樣被擠出窗外去跌傷。大家只希望他快快結束講演。

我的朋友羅慕在他擔任某報社總編輯的時候，曾經這樣對我說過：「我們報社的長篇連載在最受歡迎、讀者熱切盼望下文的時候，便即刻結束該連載。」

我問他爲什麼，他回答道：「飽和點通常緊接著巔峰之後而來。」同樣的道理，不也可以運用在演講之上嗎？在聽眾希望話題繼續延續的時候，儘速終結演講。

耶穌最偉大的演說「登寶山訓」，只要五分鐘就能背誦一遍。林肯在蓋茲堡的演說也不到十分鐘。

「短！短！」這是我想對各位大聲呼籲的。

記載非洲未開化民族之生活文化的強森博士，在非洲的原始部落住了四十九年，雖然很詳細地觀察他們的生活，但是在他的著作裡卻簡短地寫著「如果有人在部落的集會中說了太多的話，大家會開口大叫：『伊美多夏！』、『伊美多夏！』好讓他停止說話，那是『已經說太長了！』、『可以停止了！』的意思。」

據說有一種民族，他們有一種只准在單腳站立的情況下才可以說話的習慣。縮起來的腳，只要腳尖一碰到地面，就表示「我已經說完了」的意思。這類的習慣，似乎比先進國家更進步。

不僅是非洲，所有的聽眾也都不喜歡冗長的演講。就讓我依照在這一章所提到過的詩的引用，來做爲這一章的結束——

「因此，要從那兒獲得警惕，

然而，又要比他們更應該學到演講之道。」

備忘錄

一、演講的終止方法，事實上是演講最重要的一環。因為留在聽眾記憶中最長久的，是最後的一節。

二、「關於這個問題，我所能奉告的只有這些，因此容我就此結束演講。」千萬不要使用這種結束方法。只要能適當地結束就好，沒有必要如此謙虛。

三、結束演講的語句要事先想好。結尾的部分，要字句不相矛盾地背起來，好好地記在腦子裡。當然也要很從容地結束演講。

四、關於結束演講的幾個要領——

・要言不繁。
・衷心的讚賞之辭。
・以幽默語言搏得聽眾一粲。
・適當地引用一段詩句。
・製造高潮。
・在適當的地方放上句點

五、若事先想好開頭與結尾的詞句，要整理得精簡。不要冗長到讓聽眾有「希望快點結束」的念頭。記住：「飽和點通常緊接著巔峰之後而來。」

第十章 說白話才是王道

在第一次世界大戰方酣之際，英國某位有名的主教，在營帳內對士兵說話。

這支被送往前線的部隊，以失學的士兵居多，因此不太明瞭自己爲什麼被送到前線來（這是我直接從他們那裡問知的，所以不會有錯。）儘管如此，這位主教仍然對這群沒什麼知識的士兵大談——「國際親善」與「應該給予塞爾維亞共和國到有陽光的地方的權利。」

而大部分聽眾的知識水準，都僅止於「塞爾維亞是城鎮名稱或人名」的程度。因此，對他們演說「太陽系起源說」可能比較合適些，然而全場沒有一個站起來離席的。因爲爲了防止他們退場，早在會場的出入口安排了攜槍的憲兵。

我不想誹謗這位主教。如果是在大學生的面前，或許他能給予學生們莫大的感觸；但是前述的場合並不恰當，所以主教的演講當然是失敗了。那可以怪他太過不了解自己的聽眾，完全無法明瞭自己該如何演講所致。

所謂演講的目的是什麼呢？縱然演講者自己不清楚，也應該不外於下列四大類別的某一類——

1. **想讓聽眾明白某事。**
2. **感動聽眾、說服聽眾。**
3. **想號召行動。**
4. **想讓聽眾發生趣味。**

就以林肯爲例來做說明吧！林肯時常注意機械，甚至因發明觸礁船隻的拖離暗礁裝置而取得專利權。這個時候他一定在辦公室附近的機械工場，全心全意地製造樣品。

雖然這項裝置最後並沒有真的被利用，但是因爲他自己心裡確信會有被利用的可能性，因此只要朋友想看樣品，他便不厭其煩地一再爲他們說明。這種場合的說明，其目的不外是想讓對方明白其原理。

當林肯在蓋茲堡發表他那不朽的演說時，發表他就職第一次及第二次總統的演說時，爲美國名政治家亨利．克萊逝世而頌揚他一生經歷的時候，林肯的主要目的，就是說服人而使人家感動。

當然，要說服人家，而且使人感動，他就應該講得十分清楚；但是，在這幾種情況之下，清楚還不是他的主要目的。他在向法官講話的時候，是希望得到有利的判斷，他在政治活動的時候，是希望獲得較多的選票；換句話說，就是他的目的在得到他人的行動。還有他在當選總統的兩年前，預備了一篇關於科學的演講，目的是引起人家的興趣。這雖然不是他十分成功的傑作，但可證明他也用過這一種演說，以期達到他的目標。

上面所提的幾項演說因爲各有他的目標，並且知道怎樣去達到目標，所以常常是成功的。有許多演說家，他們並不明白這一些，所以常常言語顚倒，結果是遭到了慘敗。

歐戰時我見到過一位美國國會議員，他被聽眾叱罵而強迫走下舊紐約馬戲場的舞台，因爲他對聽眾所講的是美國怎樣的備戰，他的演說目的只在講得清楚，但是聽眾並不希望聽到他的教訓，大家想得到一些興趣。所以最初只是忍耐著，希望他快快結束。

可是，他太不聰明了，一點也不自覺，終於聽眾到了忍無可忍的時候，便有人惡意的鼓掌、歡呼、諷刺，大家都效法著，不到多少時候，場中不少的人在吹口哨和狂喊了。

這位愚蠢的演說家不明白群眾的心理，仍舊繼續講下去，於是把群眾激怒了，喊聲像巨浪似的，終於壓倒了他的聲音，他只好自認失敗，十分羞愧的走下台去。

從這個例子我們得到一個教訓，就是對於演說的目標，必須事先有聰明的選定，並決定怎樣去達到這個目的。

1 用比喻幫助說明

想說的內容（主題）如何能讓對方清楚明白，是非常困難的，萬萬不可大意。忘了是什麼時候的事，我參加過某詩人的朗誦會。能聽懂該位詩人在說些什麼的人，竟不及全體的十分之一。很多演說者會公私不分，犯了和這位詩人同樣的錯誤。

我和名物理學家羅基先生談論「在人前演講所不可或缺的是什麼？」時，這位在大學任教四十年的先生最強調的是下列二點：

第一、知識與準備，

第二、努力說清楚。

門徒們曾問過耶穌：「爲什麼要用比喻來告訴人們？」

耶穌回答：「因爲我所講的東西，他們看不見，也摸不著，如果不作比喻，他們便無法領悟。」

耶穌非常清楚這番道理，於是用人們所知道的事來比喻他們不知道的事。

所謂的「天國」，究竟是什麼樣的地方？如何才能讓沒有知識的人知道？

幾番思考之後，耶穌如此解釋天國：

「天國就像一粒芥菜的種子，有人把它種在田裡，雖然它比其他的種子都來得小，可是一旦長大之後，卻比任何菜都來得大，最後竟變成可以讓空中的小鳥棲息的樹木；天國也像發酵粉，女人把它取來放在三杯的麵粉之中，便會整個膨脹起來。天國像埋藏在田裡的寶物，人們發現之後又會把它藏起來，然後欣喜萬分地變賣所有的家財，買下那片田地；天國也像尋求極完美的珍珠之商人，發現了一顆高價的珍珠之後，變賣所有的家產來買下那顆珍珠；天國又像投入海裡捕捉各式各樣魚類的漁網。」

這是很容易明白的比喻，任何人都能理解。因為聽耶穌說話的女人們會使用發酵粉；漁民會每天把網投入海底；商人則四處尋求珍珠。

也有應用比喻原則的有趣的例子。傳教士們想把聖經翻譯成靠近赤道某非洲部落的語言，對於下列這首詩句卻苦無對策——

請清淨我，使我變得純潔異常！
請洗淨我，使我變得比雪潔白！

該怎麼翻譯比較好呢？該部落的人們應該不知道什麼是雪，甚至沒有「雪」這個字，似乎沒有辦法說明雪與柏油的差別。於是，傳教士們把雪比喻作土著們所熟知的椰子白色的果肉——

請洗淨我，我將會比椰子的果肉更潔白！

某人曾在密蘇里州州立大學做了一場關於阿拉斯加的演說。在「簡明有趣的演講」這一點上，他的敗筆四處可見。如果他努力學習過非洲傳教士們所用的譬喻法，那麼情況應該就不一樣了。追究起來，他真是忽略了去講那聽眾所知的事。

例如：這個人說阿拉斯加的面積五十九萬八千零四平方英里，人口有六萬四千三百五十六人。五十九萬平方英里？這能讓一般人了解到什麼？什麼也無法了解！

這個面積是普通人所無法想像的寬廣遼濶。像緬因州那麼大嗎？像德州那麼大嗎？如果這位演說者告訴聽眾：阿拉斯加與阿拉斯加諸島的所有海岸線的長度，比地球一周的長度更長；阿拉斯加的面積比美國東北部的賓州、緬因州、麻塞諸塞州等十八州加起來的總面積還大，這樣是否會比較好些？那樣的話，不是每個人都能立刻清楚地意識到阿拉斯加的遼闊嗎？

人口也一樣。假使這天的聽眾是來自密蘇里州的小城鎮，如果告訴他們阿拉斯加的人口比該城鎮少了幾萬人，或者大約是幾分之一，當然能留給他們較深刻的印象，這席演講也將變成比較簡明易懂。

下列所列舉的句子當中，(a)與(b)何者比較淺顯易懂？

(a)離我們最近的星球，有三十五兆英里之遠。

(b)分速一英里的火車，要四千八百萬年的時間才能到達離我們最近的星球。如果在那星球上唱歌的話，要三百八十萬年之後才能傳到我們的耳朵裡。

(a)世上最大的聖彼得教堂高二百三十二碼、寬三百六十四呎。

(b)世界最大的聖彼得教堂，是位於華盛頓的國會的兩倍大。

英國物理學家羅基正是此中能手，他以實際易懂的方法對一般人說明難懂的原子的大小及性質。某日在歐洲演講時，羅基先生說：「一滴水所含的原子數量，就像溢滿地中海的水滴數那麼多。」

當時大多數的聽眾，在演講之前都經歷過一星期的船程才到直布羅陀海峽的。像這樣以簡明的例子做比喻的原則，也請您運用到自己的演講上。

如果要說明巨大的金字塔，不僅是用數字表達其高度，更要以聽眾平日常見的建築物做比較。例如：不說二十呎高，而說「是這天井的兩倍」；距離也一樣，如果說「從這裡到車站」或「從這裡到×××街道」，這不是淺顯多了嗎？

2 避免專業術語

如果您是從事某種專門的行業，而必須對外行人做您專業範圍內的演講時，請特別留意要用淺顯易懂的詞句表達，重要的內容須詳加說明。

在談論自己專門的特定範圍的人，往往會忘了聽者是完完全全的外行人。他在訴說自己的經驗時使用恰當的專業術語，滔滔不絕地談論著對自己意義非凡的事情。而一點也沒顧及他的聽眾們。

對於會犯這種錯誤的人，我希望他們能詳讀下列的忠告。那是印地安那州所選出的參議員貝布利吉先生以活潑的筆調所寫的文章：

「選擇聽眾中最沒有知識的人，以他為假設的對象來預備演講比較好。這樣一來，無論如何你非得舉出一些簡單易明的例子來說明不可。更好的方法，是以跟隨父母親前來的小孩子們為對象，來作你明快曉暢的演說。」

在演講之前先告訴自己，或者先這麼告訴聽眾也可以：「我盡可能以淺顯的詞句演講，試著讓孩子們也能聽懂、並且記住內容，在他們回家之後還能清晰記得我說了些什麼。」

曾經有位身為醫生的受訓員，在演講中說：「橫隔膜式呼吸真真實實地促進腸的蠕動，對健康非常有益。」

他只說這句話便很快地轉移話詞。於是我打斷他的話，對聽眾席中的聽眾問：「有哪位知道橫隔膜式呼吸？知道為何對健康有益嗎？有誰了解蠕動運動？……」

看了舉手的結果，醫生大吃一驚，才慌張地詳加說明：

「所謂的橫隔膜是一層很薄的膜，它的位置是在胸部和腹部的中間，當你在做胸呼吸的時候，它的形狀正像一隻覆著的盆；你做腹部的深呼吸的時候，它被空氣擠壓著，差不多由弧形而變成了平面。在這時候，你可以感覺到你的胃壓迫著你的腰。所以，橫隔膜向下的壓力，摩擦並刺激到你腹腔上部的各種器官，像胃、肝、胰以及上腹部的神經網等。當你呼出空氣的時候，你的胃和各種上腹部的臟器被橫隔膜推了上去，這一個摩擦，是幫助你的排泄作用的。凡是消化不良以及便秘等疾病，大都可以由橫隔膜的呼吸練習而消除的。」

這樣修正的演講，理所當然能充分地讓聽眾理解。

3 林肯的演講何以淺顯易懂？

在白宮的生涯中，當林肯有任何新提案時，一定以誰都能明白的詞句來表達，他一生都抱持著這份關愛。

剛開始在議會演說時，林肯使用過「包裹糖衣」這措辭。他的朋友曾經指責他這樣的詞句若用來遊說的話還算可以；但若想留名青史，則似乎有欠威嚴。

林肯答道：「是嗎？如果『包裹糖衣』一詞大眾都無法理解的話，改變也無妨；否則，保持原狀不也很好嗎？」

有一次，勒克斯大學校長高麗辛博士曾經問林肯，如何才能提高自己對使用通俗措辭的熱情？

林肯答道：「當我還是小孩子的時候，如果有人對我說了我聽不懂的話，我會非常生氣，這事至今依然記得一清二楚。雖然有很多兒時記憶，但是能令我生氣到無法忍受的唯獨這種事。那時一到夜晚便有人來拜訪家父，一起聊天。談話中如果有我無法理解的話，我會關起房門在房間中來回踱步，同時思考那些話。一旦被那些思緒纏住了，如果想不出它的意思就無法睡覺。或許就是這個原因，即使我自己了解了，若不把它轉換成人人皆能明白的措辭，也一樣無法入睡。這對我而言是一種熱情，而這份熱情一直未曾冷卻。」

在林肯來說，那確實是一種熱情！

教育家葛拉罕先生也如此證實道：「我記得林肯把一個理念以三種方式來表達，並花了不少時間來檢討何者比較合適。」

何以大家都無法用簡明的措辭演講？大家的通病是：自己想說的話，事實上連自己本身都不甚明瞭。這是曖昧的表達方式；是一種不清楚、不真誠的作法！結果呢？因爲頭腦不清醒便什麼也不知道，就好像在霧中無法拍照一樣。

任何人都要和林肯一樣，碰到不解或不知意義的詞句時，都有必要側頭仔細思考。

4 百聞不如一見

我們已經敘述過了，眼睛通到腦的神經，比耳朵到腦的神經還要粗好幾倍。而且，我們對眼睛所接收的刺激，比對耳朵所接收的刺激還要敏感二十五倍，這是有科學根據的。「百聞不如一見」，誠然如此！

因此，若欲清楚地傳達，就須把重要的項目（**您所認為的**）描繪成畫，使聽眾能看得到。有名的國際自動收銀機公司原總裁，已故的約翰·巴逢遜先生也提倡這一點。

我認爲若要求聽眾了解自己、要求聽眾維持他的專注，並不能光靠說話，而必須補充一些動人的因素。最好是盡可能隨時地用表格來表達。因爲表格比言詞更具說服力，而圖畫或照片又比表格更具說服力。

理想的方式是：細分題目把各部分描繪成畫，只在連結各部分時才使用言詞。與人談話時，無論說了什麼話，都比不上一張畫或照片來得有用。這一點我早就注意到了。

即使是非常笨拙的畫，也能發揮卓越的效果。我經常讓漫畫或記號自己說話。將美金的記號用圓圈圈住代表錢，畫有美金記號的皮包則代表大筆金額。描繪出圓形的臉，即使只用線條畫上眼、耳、鼻、口，也能做出各種表情。我的畫雖然簡單，並不一定要是鮮艷美麗的畫，重要的是必須表達思想，要讓聽眾看出其對比。

並排出裝有錢的大小袋子，也能表達出事情的真相，這表示一邊能帶來眾多的利益，另一邊則幾乎無利可圖。邊說邊描繪出這些畫的話，就不必擔心聽眾會想其他的事情了。他們的眼光被你的動作所吸引，與你共同進入話題裡，而在不知不覺中理解了你所要表達的思想。因爲有趣且令人愉快的畫能使人心情快活。注意力也自然集中。

並非所有的場合都要展示物品或畫給聽眾看，但是，可能的話，你不妨利用這討好又有趣的方法。

眼睛看得見的東西能引人注意、提起興致，甚至使所使用的言詞增加意義。假使用畫無法表達，也能藉著言詞盡可能地讓聽眾的腦海裡浮現出清楚的影像。如果只說「狗」，到底是牧羊犬？杜賓狗？還是貴賓狗？這不太容易明白。若是說「英國鬥犬」，那麼印象就稍微縮小範圍了；若是「斑點的英國鬥犬」，意象就更加鮮活了。

不說「馬」而說「黑色的雪德蘭德小馬」、不只說「雞」而說「一腳折斷的白色短腳雞」，這不是更能明確、鮮明地傳達影像嗎？

5 很重要所以說三次

拿破崙斬釘截鐵地說：「表達方法中，只有一個原則必須嚴格遵守，那就是——重述。」即使自己非常清楚，他人未必能立刻明白，拿破崙一定很清楚這點。

拿破崙也很清楚，若想充分理解新的事物，必須花費時間和集中精神，也就是說對新的事物一定要反覆練習研究。然而，完全相同的言詞卻會使效果減半，人們會排斥相同言詞的重複。可是以新的措辭來表達相同意思的話，就不會覺得那是單純的重複。

已故美國政治家柏來安說：「你若是自己還不明白那問題，也就無法讓別人了解。反之，你腦中所想的事如果越清晰，就越能明確地把它表達至他人的腦海中。」

上面第二句話，就是第一句話的重述。當你說到第二句的時候，聽眾還沒有功夫來細細地辨別一下他究竟是不是重覆，反而覺得這樣一解釋，顯得格外清楚了。

我所教過的任何班級，有不少令我惋惜的例子：「只要演講者利用這種重複的方法，就能給予聽眾更明確、更深刻的印象了，偏偏……」

初學者在演講時，幾乎都忽視了這項原則，結果當然是非常不理想！

6 利用特殊例證更好懂

利用特殊的例證和一般的解說，這是最妥善而容易的方法，使你所要說的要點更加明白。究竟特殊的例證和一般的解說有些什麼不同呢？

照字面說，就是一種特殊的和一種一般的。現在我們不妨引用具體的實例來解釋一下，比如找說：「有許多上班族，常常可以賺到鉅額的薪水。」

這句話等於沒有說一樣。講這句話的人，自己先就不敢確定他將在別人心中喚起些什麼？他可以使一位鄉下醫生，想起一位在城市中每年有五千元進帳的同業。同時他也可以使一位有相當成就的礦務工程師，想到他同伴中有人一年能夠賺到十五萬元。

總之，這句話說得範圍太大了、太籠統了！實際上他應該詳細注明他所指的職業是那一種，怎樣才算是「驚人的鉅額」。

下面一段演說就要清楚得多了：

「有許多律師、作曲家、小說家、戲作家、畫家、演員和歌唱家，他們的進帳，比美國總統的收人還要豐富。」但這裡他只就一般來說的。他所指的「歌唱家」仍不能使人知道他指的是那一個歌唱家。如果他再照下面一段舉出一個特殊的例子來，給人的印象就更加明顯了！

也就是說，如果是演員便應舉出是哪個演員；如果是歌星，就應說是哪位歌星。若是說話者舉出特定的實例（**名字等**），聽講者便能具體地想像出該情況。

在專業人士之中再加以具體指「名」，例如：住在紐約的律師××先生……這就是具體、清楚、個別的表達方法了。這項法則不但使內容更明確，也能使內容印象更深刻，更能引發聽者的興趣。

7「不要與野生的山羊競爭」

心理學家詹姆斯曾說，在一小時的演說中，只可提出一個要點來演說。但是，最近我卻聽說有人手裡拿著碼錶，在三分鐘的限定時間內，要連續述說十一項要點。（**平均一項要點只用了十六秒半的時間！**）這簡直像是用三十分鐘便要參觀完整個博物館的陳列品一般。如此匆忙的參觀，究竟能了解到什麼呢？

很多時候，演講之所以會失敗，那是因爲演說者在被限定的時間內，像要創世界記錄似地競相拚命多說話，從一項要點緊追著另外一項要點，這不正如野生的山羊一樣蹦蹦跳嗎？

演講不是要比快。有時爲了配合實際需要，必須適度地裁減手中的布。假如你打算發表關於勞工組織的演講，那麼你手中的「布」，可能網羅了勞工組織所有的一切，但是能在三、五分鐘之內說完全部嗎？如果勉強地全部塡塞進去，那就要產生混亂了，我想不會有任何人理解你的演講。因此，這時候要抽出適當的主題（從該處裁斷），適切地講解該部分，這才是上上之策。那樣的演講能予人整體的印象，明瞭、牢記，而且賞心悅耳。

不過，如果演講中一定要包含多項要點，那麼我奉勸諸位最後的結尾要精簡。我在本書各章之後附上「整理」，就是希望各位能了解我的這種用意。

備忘錄

一、明確地傳達非常困難，對於看不見、聽不見的東西，自然要以具體的例子來比喻說明。

二、耶穌用人們所知道的事物來比喻人們不知道的事物，把天國比喻為種子、捕魚的網、珍珠等。如果你想說明阿拉斯加的大小，不能只說面積是多少平方公尺，而要舉例說是美國哪些州的面積總和。

三、避免使用專業術語。要聽從林肯「用小孩也能理解的話來表達」的勸告。

四、先確認自己想說的話，在自己的腦海中是否如正午的太陽般明朗。

五、訴諸視覺。盡可能活用圖或畫。言詞也要明確，不只說「狗」，要說「右眼四周是褐色的狐狸狗」。

六、重複重要的事項，但不能使用相同的言詞。要讓聽眾以為文章有變化，而且對內容有更深一層的理解。

七、抽象的事物要引用一般性的例子，而引用特定的例子或具體的名字，則又更加明確。

八、不要勉強多說話。若欲適切地處理短時間的演講，只能抽出一、二項大重點，否則就真的要「貪多嚼不爛了」。

九、簡潔地整理要點，結束演講。

第十一章 人們最感興趣的事

你現在所讀的這一頁、這一張紙，實際上是很常見的東西。像這樣的紙，至今所見一定不可勝數了。但是，假如我在此稍微說些新奇的東西，我想你一定會感興趣的。

這張紙是固體。但是實際上，與其說是固體不如說是像蜘蛛網的東西。物理學家知道這張紙是用原子構成的。

所謂原子是多小的東西呢？如第十章所寫，一滴水裡滿含地中海水滴數的原子。那麼，做成這張紙的原子是用什麼東西構成的呢？是稱作電子、陽子等更小的東西構成的。電子全部圍繞在原子和中央的陽子的周圍。（其比

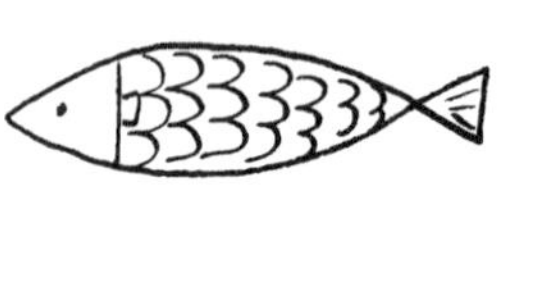

率大約是月球到地球的距離。）

而且這些電子依軌道繞行於陽子的周圍，以秒速約一萬英里的高速度移動著。所以，構成你手邊這張紙的電子，從你開始讀這篇文章的時候，已經移動了從紐約到東京之間的距離了。

前兩分鐘，你或許認爲這張紙是靜止的、無聊的物體，不過事實上，它卻是神明所造的一個不可思議、確確實實精力充沛的「動」物。

假使你現在對這張紙感到興趣的話，這是因學了關於「這張紙」之新的、奇異的事實。在那裡有讓聽者產生關心的秘訣。

這實際上是有意義的事實，應在我們日常生活中活用，承受其惠。對全新的東西我們不容易產生興趣，完全舊的東西，對我們也缺乏魅力。

在應該談論農業問題的地方，像布魯丘大教堂或蒙娜麗莎之類的話題，便無法引起人們的興趣。因爲這些與他們所關心的事沒有太大的關連。

但是如果你告訴他們，荷蘭人在比海還低的土地上耕種、掘溝代替圍牆、架橋代替門戶……便一定能立刻引起他們的興趣。如果你告訴他們：在德國的冬天裡，人們會把母牛牽入室內，所以牛也能在縫有蕾絲邊的窗簾旁，看著窗外的降雪……他們也一定會挨近你，以便仔細聆聽。因爲對他們而言，這是從新觀點來聽和他們密切相關的農耕和畜牧。

1 人們最感興趣的三件事

如果說世人最感興趣的三件事是——「性、財產和宗教」的話，你會反駁嗎？

我們因性而創造生命；因財產而維持生命；因宗教而滿足我們對來生的祈盼。所以，我們所關心的是自己的性、自己的財產、自己的宗教，而決不是他人的。我們所關心的事，歸根究柢是聚集在「自己」一身。

即使對「在秘魯的遺書寫法」不感興趣，但如果題目是「我們怎樣訂立遺囑」的話，你一定會很有興趣吧！您對於印度教所抱持的關心，很可能僅止於好奇的程度；但是如果聽說是「自我約束以求得萬世永遠幸福的宗教」，您大概會衷心地寄予關心吧！

當有人詢問已故的諾斯克利夫博士，什麼最能使人們感興趣的時候，他回答是：人們關心「他們自己」。這個答覆是對的，因爲他是英國最富有的報業大王。他能知道每個人的心理。

你想知道你是一種怎樣的人嗎？好，我們現在談論到你。我們先讓你照一照你的尊容，使你認識一下本來的面目，然後再留意你的幻想。幻想是什麼意思呢？讓詹姆斯教授來回答吧！在他所著的《心的形成》中，我們可以讀到下列的話——

當我們在清醒的時候，自己也感覺到我們的腦海是在不停的思想；當我們在睡覺的時候，腦子也還在不停的轉。這睡覺時的思想，和我們在清醒時的思想比起來，當顯得更爲愚蠢，我們常常待在幻想的迷夢中，這是我們自願而且是極愛好的一種「思想」，我們隨我們思想的軌道進行，這軌道是由我們的情感所決定的。

世間不會有比「我們自己」更令人感到興味的了，所有一切不加約束和指導的思想，都環繞著我們。如果你留心去觀察自己和別人的心的趨向，這是十分有趣，同時也是十分可悲的。

我們的幻想，是我們主要性格的指數。這些幻想，足以影響我們自尊自大的一切思索。

所以，你應當記住，和你說話的人，他如果不是想到自己的事業和職務，就是在想自己的光榮和正直。人們對於自己的芝麻小事，要比任何重大的事都還要關心。他對於自己刮臉的刀片鈍了不能刮鬍鬚的事，比在某處飛機失事的意外還要關心。他自己的腳趾腫痛，比在南美洲的大地震更重要。他聽你談論他本身的得意事件，比聽你談歷史上的一切偉大人物的事蹟更爲高興。

2 如何才能成為座談會高手

能很技巧地說話的人不多，那是因爲很多人都只談些自己關心的事。對自己再有趣的事，對別人而言都是乏味至極的。所以要以對方有興趣的事物爲談話內容。

對方的工作、高爾夫球的得分以及他的成功經驗談……如果對方是婦女，則談論她的小孩等等，什麼都可以，只要能讓對方說話，並滿懷熱烈地側耳傾聽。那樣的話，保證能讓對方高興，而且你也一定會成爲受歡迎的傾談者。

德維特在演說訓練班的結業餐會上，做了一次很成功的演講。他把席間的每一個人都談到。談他們在課程剛開始時說話的樣子、如何進步了、曾說了些什麼話、討論過些什麼等等，還時而逼真的模仿、時而誇張其特徵，逗得全桌噴飯、高興不已。

以這種聰明的作法，決不會遭到失敗。

3 迷倒兩百萬讀者的構想

幾年前《美國人》雜誌曾經有過一段輝煌的時期。

幾年前該雜誌的讀者突然大增，且轟動了整個出版界，其秘訣是出自於已故的總編輯約翰．薛德魯的構想。我初次與他會面是因爲我是該雜誌的投稿者，而當時的他是推廣部的負責人。

那時他對我說：「人類是自我本位的。人類所關心的是自己。對於政府是否將鐵路收歸國有的是是非非，不會有太大的興趣。如果話題是升遷、薪水、健康……的話，眼睛一定會馬上發亮。所以我認為要讓人們知道這些事比較好，告訴他們牙齒的保養法、健康的沐浴法、在夏季如何消暑、如何求職、如何吸引員工、如何購屋、記憶法……等事情。而且人們對成功人物的故事也很感興趣，所以我也打算請一些有錢人來談談致富之道；或者請卓越的銀行家或企業家來談談他們的成功之道。」

果然，當他升為總編輯之後，便立刻實行這個構想。結果，該雜誌的長期訂閱由二十萬而三十萬、四十萬，最後增加到五十萬。因為這份雜誌裡面有人人所欲追求的東西，最後，它的讀者竟突破二百萬大關，而且那個數字在往後幾年依然持續地上升，那可以說是一種「關心自己」之策略的成功吧！

4 永遠讓人關心的話題

你如果講述一些呆板式的理論，說不定會令人生厭；要是講述一些普通的人事，也不大容易抓住聽眾。因為人家每天家裡、飯館裡、茶室裡、遊樂場裡，不知要說多少閒話，這些閒談中的顯著特點，是某人怎樣的發了大財、某人怎樣的倒楣、某老闆和他的秘書搭上了、以及某小姐近來和誰要好……等等的「馬路消息」。

在某個班級，我曾讓一些美國的商人以「如何成功」爲題發表談話。幾乎每個人都舉出一些普通人慣用的「努力」和「奮勉」等等老生常談的美德，叫大家努力去學習。可是諄諄的教訓，卻使聽眾感到乏味，幾乎討厭得要睡著了。

於是，我就打斷他說：「我們不願聽教訓式的演講，教訓是沒有人高興聽的，你必須要使你的聽眾高興，否則就沒有人會注意到你的演講了。同時，請你記好，世上最大的趣事之一，便是高尚而美妙的閒談。你應該講述你熟悉的人的故事給我們聽，說明爲什麼某人是成功而某人是失敗，這是我們所樂意聽的。記著這一些是有益的，因爲我覺得講述這些事情，比講述抽象的道理還容易。」

被我這麼說的一個男子，原本是連三分鐘的演講都嫌缺乏題材的；這一天卻以他熟知的大學同學爲例，吸引了聽眾長達三十分鐘之久。他自己也沒有注意到這一點，事後表現出無法言喻的驚訝。聽眾也覺得很有趣，所以一點也不覺得冗長。這位學員就如此地初次嘗到真正勝利的滋味。

這個例子給我們很多的啓示。在極普通的演講中，若加入一些富有人性的趣味，便能立刻深入人心。在舉出具體事實的同時，也輕易地敘述了二、三項要點。這種結構的演講，不管是誰都能引起聽者的關心及注意。

甚至可能的話，增加些如何刻苦奮鬥，最後獲得勝利的故事，誰都會注意爭鬥或奮鬥，因爲世人愛紛爭更甚於愛情人。

在事業上，一個男人如何與惡勢力纏鬥，最後終於勝利的故事，最能振奮人心，引起人們的興趣。某雜誌的編輯者說：世上最好的故事題材，是每一個人一生中的真實經歷。這句話很有意義，誰不曾有過奮鬥和掙扎呢？只要是真實的故事，必有其感人之處——引人共鳴。

5 如何更生動有趣

在筆者教授的演說班上，同時有兩位知識程度相差懸殊的學員，一位是哲學博士，一位是三十年前的海軍，是個粗魯的漢子。博士是大學教授；而這位當過海軍的漢子曾經橫越過七個海洋，現在是以車子在小巷巡迴販賣的小公司的老板。

奇怪的是在課程當中，小老板的話比大學教授的話更受歡迎。教授以優美的詞句，有教養且文雅的舉止，論理明快而合邏輯。但這個人的演講，似乎缺乏一件重要的事，那就是具體性。他的演講太籠統、太空泛了。另一方面，老板能在一開始就進入主題，清楚且更具體地演說。他融合了天生的男子氣概與有力的措辭，內容非常生動有趣。

有這種說話清晰且具體的好習慣的人，與他的學歷、環境沒有關係，而是因爲他知道如何引起聽者的注意。這一點非常重要。現在就舉幾個例子，以便讓這個原則深刻地印在你的腦海裡。

例如，因宗教改革而聞名的馬丁路德，在他的少年時代，我們說他是「頑皮而難於制服的」好呢？還是說他「雖然只是一個上午，卻讓老師體罰了十五次」好呢？兩者中以何者印象比較深刻呢？前者不太能引發人們的興趣，可是若聽說「體罰十五次」，一定會嚇一跳吧！

老式的名人傳記，是贅述許多籠統的文字；新法卻看重在敘述一些具體的事情；你的敘述能夠具體化，自然把一切表達明白了。舊方法寫傳記文，說約翰的父母是貧窮而誠實的人。但是新的寫法，一定要說約翰的父母，窮得連一雙套鞋都買不起，所以在下雪的時候，用粗麻皮纏在腳上，用以取暖和避濕；然而他雖然這樣窮，在牛奶中也從不加水，從不把病馬去當健馬賣給人家。這不是表明他的父母是「貧窮而誠實」的嗎？

這種表現手法，不是比「貧窮而誠實」更有趣嗎？這種方法，用在寫傳記方面是有效的！然而，用在演說方面，也同樣是有效的。

讓我們再來舉一個例子：比方，你說在那尼加拉瀑布每天所耗的馬力數量很驚人，你說這一句話後，你再加上一句：如果把這種消耗的動力來加以利用，用所得的金錢來購買生活的必需品，那麼，許多民眾都可以得到衣食了。

這種說法，不是十分有趣的嗎？不，我們且看，下面的一段文章，是從《每日科學》上節錄下來的，請看這樣的說法是不是更動人——

我們聽說在國內有幾百萬的民眾，他們是胼手胝足的過著日子，面目憔悴而顯得營養不足的樣子，他們缺乏麵包來充飢。可是，在那尼加拉瀑布，每小時都要無形中消耗去相等於二十五萬塊麵包的能源價值。

如果打開心眼仔細看，說不定能看到每小時有六十萬個新鮮的雞蛋，從尼加拉的懸崖落下，在瀑布中變成巨大的蛋餅。

如果棉織品不斷地從織布機中織出，能有四千尺寬，它的價值也等於那尼加拉瀑布所消耗的一樣。如將此一動力消耗用在卡內基圖書館中，那麼，在一兩小時內，圖書目錄就要重編而充滿了九千萬冊珍貴書籍的名稱了。

我們還可想像有一家極大的百貨公司，每天由伊利湖把公司裡所有的貨物往下流，完全跌落至一百六十尺的山洞中而成了粉碎，這是個多麼驚人的消耗啊！有人因此主張拿出一筆款子來利用這一巨大的水力，想不到竟也有人加以反對呢！

6 變成畫面的文句

技巧可以幫忙引起聽者的關心。雖是很重要的技巧，但是多數的人，不是忽視就是完全不熟悉。這技巧指的是使用「畫般的言詞」。好的演說家會使他的話像一種影像浮現在聽的眼前；反之，用辭曖昧、陳腐、毫無色彩的人，若是讓聽者想打瞌睡，那也是無可奈何的事。

畫！變成畫面的文句！它就像空氣般的可以自由取用。那可以透過你的話、透過你的「繪畫」，向四處散播。如此一來，你的話會變得非常有趣，且強而有力。

可是，「變成畫的文句」究竟是怎麼樣的呢？像前面所引用的關於尼加拉的話題，不就已經用了不少了嗎？——二十五萬塊的麵包、掉落懸崖的六十萬個蛋，在瀑布中變成大蛋餅、從織布機出來的四千呎長的綿織物、位於瀑布下的卡內基圖書館等等。

不知不覺中加入這樣的話，就像在銀幕上顯現誘人的事物。

英國的哲學家史賓塞，在他的名著《文體之哲學》之中，指出能喚起鮮明影像的詞句的好處，做了如下的評論——

當我們在想某一件事的時候，並不能只驅使一般的概念，而是要以特殊的概念思考。是故，以下的文章必需避免——

「一個國家的風俗、習慣、娛樂等，越為殘酷、野蠻，其刑罰的規則也越嚴厲。」

而我們可以這麼說——

「一個國家的人民越喜好戰爭、鬥牛以及決鬥的話，他們越可能以殘酷的刑罰，如絞刑、火刑等，來處罰罪犯。」

7 傳染興趣

到目前爲止，我說了各種吸引聽衆的要素，若你接受了上述的建議，並照著做的話，或許就可避免洩氣且無聊的談話。因爲吸引人們的興趣，實際上是微妙的感情和心思的問題。這和讓火車發動不同，無法事先設計詳細的規則。

希望各位一定要切記的是感覺是可傳染的。如果你本身不興味索然，也必定會使這種心情傳給聽衆。

以前在巴路西莫城的演說班上，有位紳士警告班上的人：「如果繼續像現在這樣在加沙比克海灣捕石魚的話，這種魚早晚會絕種。」（**這預言果然在數年後應驗了！**）

那位紳士打從心底擔心這件事，那是非常急迫的關懷，因此當他爲此籲請時連身體、手都在擺動，以傳達他的深切的感慨。

在此之前，我完全沒聽過這件事，也不關心這件事。那時我想班上每個人大概也和我一樣吧！可是當演講結束時，大家都感染了他的憂慮，我們都有關心這種魚的感覺。而且也都感到有必要立刻去向國會請求通過保護石魚的法令。

我曾向當時駐美的義大利大使賈爾德請教，他如何會成爲一位令人深感興趣的作家之秘訣。他說——我覺得人生不是一成不變的，而且是趣味盎然的，我因而興奮得無法不對人說。」

沒有比這樣的演說者或作家，更能擄獲人心的了。

備忘錄

一、我們所關心的不是普通、尋常的事實。

二、我們最關心的是「自己本身」的事。

三、如果讓對方談論他本身的事或感興趣的事，並認真傾聽的人，即使你談得不多，也會被認為是「會話高手」。

四、真實的故事，大抵都會引起聽眾的注意。說話的人只要提出二、三項要點，用這類寫人性的有趣話題來證實，便可成為有聲有色的演說。

五、具體地、明確地演講。像說到馬丁路德的少年時代，若只說「頑固而處理不了」，則僅是敘說事實罷了。如果斬釘截鐵地說「雖然只是一個上午，卻讓老師體罰了十五次」，則會變得更明確、更有趣、印象更深刻。

六、內容中用「變成畫的辭」——要鑲上能在眼前浮現影像的言詞。

七、要「傳染興趣」。如果連說話人都興趣缺缺的話，也一定無法期盼聽眾的熱情回饋。

第十二章 神奇的法術

有一個沒職業也無積蓄的英國人，爲了找工作而獨自在費城的街上徬徨著。終於，他去拜訪了這條街上有名的實業家保羅，要求希望給他當面談談的機會。

保羅用懷疑的眼光遠眺這位陌生的男子。不管怎麼看，該青年的打扮都談不上高雅，服裝也很邋遢，一副窮困的窘態。保羅在半好奇心、半同情心下答應和他見面。本來只打算問他一點點話就可以了，但是這「一會兒」卻成了「幾分鐘」甚至成了「一小時」，而且又繼續了他們的談話……

後來保羅打電話給這條街上屈指可數的金融界人士——勞倫特・德羅而

結束了會談，這勞倫特還招待了這位陌生的英國人吃午飯，並且馬上安排給他一份很好的工作。

這個落魄街頭的人物，為何在這樣短的時間內竟能達成如此令人羨慕的交涉呢？事實上，他的秘密武器就是「英語能力」。

因為這個人是牛津大學畢業的，為找工作而來到美國，卻不幸失敗而落到一毛不剩的困境。但是因為他滿口漂亮又流利的英語，而使得聽者在不知不覺中，忘了他襤褸的衣服及雜亂無章的鬍鬚。

——漂亮地操作語言，在商業界算是最厲害的護照了。

這個小插曲可能只是個巧合，但也隱含有相當深刻的道理，也就是說我們每天都依說話的方式而被評斷著。在語詞的運用中就流露出我們的品格了。依語言的運用，使我們連他是和那種同伴交往都可以了解了。

——語言：證明了使用者的教養水準。

這是許多年前的事，我的感覺簡直就像做白日夢一樣，站在羅馬的街道上。然後有一位陌生人向我靠了過來。這人自我介紹是住在所謂殖民地的英國人，談起了有關永恆不朽的都市——羅馬的種種。

但是還不到三分鐘的時間，他就開始很嚴重的使用了一連串錯誤的語詞。這個人從早上醒來開始，就穿好鞋穿上乾淨的襯衫，對於當天所接觸的人不失禮貌，是一個相當體面的人，但在語詞的修飾上，爲何不也花一點功夫呢？

在西方和婦女打招呼時，如果不把帽子舉起會被認爲很不禮貌的；但對於語言文法上的錯誤而讓聽者感覺不舒服一事，爲何就能毫不在意呢？使用粗俗的措辭，等於是向他人表示出自己本身就是個粗俗的人！

我們和人們接觸的時候，有四件事情容易被人拿來評估我們的價值，那就是：

1.我們所做的。

2.我們的面貌。

3.我們所說的話。

4.我們是怎樣的說法？

——可惜，許多人離開學校以後，爲了種種瑣事的繁忙，竟使他們忘記了最重大的事，而缺少時間去鍛鍊他們的「講話辭藻」，甚至不肯花費一分鐘的時間去設想如何充實自己的辭句？如何增加辭句的意義？如何使講話準確清晰？——也許你們以爲這也不過走錯了一步而已；可是，你們要明白：他們一生的失敗，正錯在這一步呢！

曾任哈佛大學校長三十年之久的葉洛荷特博士，告訴過我們這麼一句話：「我僅承認一件事，是受過教育的紳士淑女們，在知識上所獲得的收穫就是：能夠正確又出色的使用其本國語言！」

這是一個極重要的聲明，我們在略加思索之後，就可以覺得這話是多麼值得我們深思。

1 是誰教育林肯的

或者你們要問，如何才能使文字熟練，並能優美而準確地寫出來呢？——這是一件公開的秘密，所用的方法既不奇異，也非幻術，說穿了只是「平凡之至」。但林肯曾使用這方法，而且得到了驚人的成就！

歷來的美國人，從來沒有比林肯講話所用的辭句更優美的了；他所寫的散文，有人曾這麼的歌頌過：「竟像音樂一般的悅耳」！隨便舉一個例吧：當他在連任總統就職演說中。曾說了這麼一句話：With malice towards none, with charity for all.（不要怨恨任何人，要以慈愛對待所有的人！）

說起林肯，誰不知道他父親是一個庸碌無知的農夫木匠？他母親也沒有特異的才學；那麼，林肯怎麼會有運用文學的特別天才呢？

的確，我們都知道，林肯所受的教育是「不完全的」，一生也不過進了不滿一年的學校，這件事，他被選爲國會議員後也曾對群眾承認過。那麼，誰是林肯的老師呢？我告訴你們吧，在肯達基州森林地帶有數位巡遊的村儒學究，曾無意中幫助林肯得到了很多的長進——要不是他青年時代的環境太惡劣，也許他的成就要更大一些呢？

此外，在伊利諾州第八司法區，他曾和許多農夫、商人、律師、訟棍，商討著對於文字的運用——他們都是與林肯共同成長的老師。在沒有火腿、玉米、小麥交換的情形下，這些人都代替了老師的職務。

請牢記吧，林肯成功的秘訣是：「每個人都可以做他的教師！」這不正是中國的孔夫子所說的：「三人行必有吾師！」嘛！

除此之外，他再也沒有什麼神奇或詭異的法術了。

但是，（**這是很重要的關鍵**）他連一點小事世不疏漏，但也絕不做浪費時間的事。在這期間，他和有智慧者及詩人同伴結交成爲好朋友，甚至拜倫、勃朗寧的詩都可以背誦了。他把拜倫的詩集在自宅與辦公室各放一本，在辦公室的那一本因爲經常在讀，以致書皮都翻破了，聽說一拿到手上就能看到內文了。

成爲白宮的主人後，辛苦地背負南北戰爭悲劇之重擔時的林肯，也把歌德的詩集拿到床上，一有扣人心弦的詩句，即使在半夜也會起身到書記官那兒，一首一首地唸給他聽。另外，他也喜歡莎士比亞，能背誦很長的台詞，還能批評演員們的台詞運轉，因而常常要別人聽聽他獨到的見解。

林肯非常喜歡詩，不僅在私人場合也好，公眾場合也好，總喜歡讓別人聽聽他的背誦，自己也會作詩取樂，到了中年後則埋首於整理筆記。但非常害羞靦腆的他，使得至親好友們無緣看到他的詩作。

著有《文人的林肯》的羅賓遜是寫著——

這位自學成功者，涵養深厚。稱他是天才或上智都可以；他的學識不是得自於學校的教科書中，完全是由於他的好學不倦而不斷自我豐實的……

你能相信嗎？一個笨拙的人，在伊利諾州的農場，替人們剝玉米和宰豬，每天僅賺三角一分錢，到後來，在蓋茲堡發表一篇演說，竟被譽為歷史上最優美最不朽的一篇講詞——說起這回有名的蓋茲堡戰役，參加戰爭的有十七萬人，並有七千官兵陣亡在那裡。

可是，如今還有誰再提起它呢？倒是林肯在蓋茲堡所發表的那篇演說，直到現在，還被世界各國的人們傳誦著呢！

這正應驗了美國十九世紀政治家薩姆爾的話：「林肯那篇演講，到蓋茲堡大戰被人們遺忘以後，還是會存在的；並且，將來人們說起這一場戰爭，大半還是由於林肯那篇蓋茲堡的演說詞所聯想起的呢！」

薩氏說話的時候，正當林肯被刺不久，是一個「預言」。可是今天，這話確已得到證實。你不是在聽到「蓋茲堡」一詞便馬上想到林肯的演說，再想到那次戰爭的嗎？

最有趣的，那次參議員艾佛雷特滔滔不絕的演說了兩小時之久，但他講些什麼，不但早被人忘記，並且也已無從知道了。而林肯呢，講了不滿兩分鐘，當一位攝影師想替林肯留下一個演講姿勢，在他尚未把那架原始笨重的攝影機調好光以前，林肯就已經演講完畢了。

如今，我們到牛津大學圖書館裏，還可以見到一塊永不磨損的銅牌，上面正鏤刻著林肯那篇演說。想不到這篇短短的演說，反成了林肯一生不朽的紀念；有志學習演講的人，應該把林肯這篇演說熟讀了，並且要能夠背誦，我深信至少會對你們有一些幫助——

八十七年前，我們的祖先在這大陸上，建立了一個新國家，在自由之中孕育而成，奉獻致力於一個理想；凡人類皆生而平等。現在我們正忙於內戰，為了要考驗，如此孕育、如此貢獻的國家或任何國家能否長存。今天我們在這個偉大的戰場上相聚。我們來此要將這戰場的一部分土地，奉獻給那些為國家生存而捐軀的人們，作為安息之處。這固然是我們的責任和本分，但從大處來看，我們不能奉獻——不應奉獻——也不配奉獻這片土地。

曾在此地作戰的英勇將士，無論存亡，所貢獻的已遠超過了我們盡力所能做的一切。世界不會留意也不會永遠記住我們在此所說的話，但絕不會忘記他們在此地所立的功績。我們這些存活世上的人，應該將自己奉獻給在此作戰的將士所努力而未完成的工作。

我們應該將自己奉獻給當前鉅大的事業——由這些光榮的陣亡者，我們應獲取對正義更深的信仰，因為他們已為了正義貢獻出最大的犧牲——我們更當痛下決心，不讓死者作無謂的犧牲——使我們的國家，在上帝的領導下，能使自由重生——不致滅亡——並使它成為民有、民治、民享的國家。

許多人以爲「民有、民治、民享」這句話是林肯最先提出的，你們以爲呢？

——讓我來告訴你吧：林肯有一位律師朋友叫做帕多拿的，曾在數年前給了他一本美國十九世紀神學者，也是《奴隸廢止論》的西道爾．派克的演講稿，林肯讀到了這麼一句：

「Democracy is direct-self government, over all the people, by all the people, and for all people.」（民生主義是直接的自治政府，一切以人民為上，受一切人自主管理，為一切人們謀福利。）

就連忙在底下加上許多鉛筆線，表示其重要。

——不過，派克這些話並非自己創造的，他是借用四年前大政治家韋伯斯特答覆海恩的一段話：「The people's government, made for the people, by the people, and answerable to the people.」（人民的政府，應該為人民而設立、為人民所管理、並為人民謀福利。）

可是，韋伯斯特其實也是抄襲前人的話，那是早他三十多年前，詹姆斯・門羅總統曾說過與此意義相同的話。

——但門羅總統也是託別人的福借用來的，那是在他五百年前，十四世紀一位英文聖經的譯者，叫做威克里夫的，他在聖經序文裡如此寫：

「This Bible is for the government of the people, by the people, and for the people.」

——我們索性再追溯威氏此語的來源吧，到底又是起於何時何人呢？那可真遠了，應該推到耶穌降生前四百年，古希臘名人克里昂對雅典人民演講時，曾談到一位統治者，應該「of the people, by the people and for the people.」——而到底克里昂這句是自己的「創造」呢？還是來自他人的「抄襲」呢？則不得所知了。

如此認真追溯的話，世界上真正的新東西是多麼的少啊！可見大演說家們從博覽群書中獲得的益處，又是多麼的多啊！

書籍，就是這項秘訣的關鍵所在。希望語詞豐富、增加辭彙的人，非要不斷地鞭策自己，將頭腦沈浸在文學的寶庫中不可了。

英國政治家約翰．柏萊特說過：「站在圖書館前總覺得很悲哀。因爲人生是如此地短暫，而自己眼前卻有如此豐富的大餐，吃也吃不完的呀！」

他在十五歲時被迫輟學，到一家棉紗工廠做工，是個沒第二次機會再回學校的人。可是，他不但英語講得流利純熟，並能把拜倫、彌爾頓、雪萊等人的長詩熟讀深思，又能將莎士比亞名劇背誦得很多；他每年總要溫習一遍彌爾頓的《失樂園》，來豐富他的辭彙；他的努力，終於使他成爲英國十九世紀最偉大的演說家。

此外，十八世紀英國政治家福克斯，曾朗誦莎士比亞名劇，他想琢磨自己演講的風格。

福克斯典藏書最多，差不多近一萬五千冊，他告訴過別人，聖·奧古斯丁、巴特勒大主教、但丁、亞里斯多德、荷馬等人的著作，都使他獲得了最大的幫助！他稱自己的書房為「平和寺」。

畢特也是英國十八世紀的著名政治家，他的自修方法，是每天把一兩頁希臘文或拉丁文作品讀過之後，再試譯為英文。這麼努力了十年，於是他誇口地說：「現在，我已獲得一種驚人的能力，不假思索地就能把意見用適宜的辭彙表達出來，決不會有一些紊亂或謬誤……」

英國詩人丁尼生，每天總要讀聖經，他尤其喜歡所羅門的箴言和雅歌。

俄國大文豪托爾斯泰最愛讀《四福音書》，前前後後不知讀了多少次，他還能背誦許多章呢！

羅錫金幼年時代，總被他母親強迫每天背誦若干節聖經，並且每年把新舊約全長六十六卷從頭至尾朗讀一遍；所以，羅錫金的文章與格式之美是無與倫比的，連他自己也承認，這完全是得力於每天讀聖經的訓練啊！——他終於也成了英國十九世紀的一位名作家。

路易斯．史蒂芬生是英國著名的小說家，被譽爲「作家中的作家」。他曾自述其寫作經驗說：

「當我讀到一本特別美妙的書，或是一段文章，不管它是在說明一件事，或者在講出一個恰當的意義，也不管它是文字有力呢，或者是筆法優美；我總要立刻坐下，開始自己摹仿這種作風。我也明知第一次是不會成功的，或者好像是永遠不會成功，但我絕不灰心，至少這種努力，使我體會了實際的韻律、協調、格調及文章構造的練習。——這樣，我接連不斷的摹仿著英國著名論文家萊姆、詩人華滋華斯、名作家白朗蒂、美國作家霍桑、法國論文家蒙田等。

我只當這是一個練習寫作的方法，並沒有計算到摹仿得相像與否；我也不希望由此獲得什麼進步——雖然我明白，這是英國浪漫詩人濟慈所曾有過的寫作方法，從文學上說，有誰所寫的東西，能比濟慈所寫的詩更優美呢——無疑的，這種摹仿最有價值的一點，就是儘管學習的人是如此努力，總無法摹仿得勝過原文。儘管你一次次摹仿下去，結果還是難免一次次的失敗；可是俗語說『失敗是成功之母』，這一次次失敗的經驗，正引導著你一步步往成功的大路邁進啊！」

我已經講了許多實例，早已把秘密揭穿了。

最後一次提出林肯的逸話。（**我想前面也已說過了**）他將這番話寫下來送給希望當個成功律師的年輕人。

「方法只有一個——把書拿在手上讀，並充分研究它。用功、讀書、研究，最重要的就是讀書。」

2 從名著裡擷取智慧

將真心話表達出來，才能打動人心。爲什麼呢？因爲在心底深處的東西，也就是在最外側所表現出來的。

我們去追尋在遙遠天際散發榮光的詩人、聖人，不如去探求自己內心深處閃爍的光芒，這才是應該學習的重點。人們一不小心就會漏看了自己所想的東西，那就不是在表現自己的思想了。

不平凡的人的作品中，表達「我們漏掉的想法，使我們無法領會的東西又回到我們的身邊了。整個宇宙是個學習的對象，也是無盡的精神食糧，但營養豐富的玉蜀黍是要在自己所擁有的土地上培育的。

名著是一粒粒思想的種子。林肯介紹給那位急於做個成功的律師的青年閱讀奧默拉・賓耐特的《每日如何生活》（How to live on twenty-four hours a day.——by Areola Bennest），這冊書會給你一種近乎「冷水浴」的刺激，它會告訴你許多你最有興趣的問題，它提醒你每天你浪費了多少時間，以及如何節省這些浪費，並告訴你利用這些多餘時間的方法。

美國第三任大總統傑弗遜說：「我放棄了報紙，而改去讀羅馬希臘史學家泰西佗和修西里斯，及科學家牛頓、歐基里德諸人的作品後，方才覺得精神上是真的愉快了。」

不錯，減少讀報時間來改讀別的名著，只要試驗一個月，你定會覺得比從前更快樂了，你何樂而不爲呢！爲什麼不把閱報的時間，以及在寫字間或在桌上休息的時間，甚至等候電車或朋友時的餘暇時間，將你衣裳中的書取出來閱讀呢？——讀破一冊書，不是比一冊新書閒置在書架上要好多了嘛！

你如果把《每日如何生活》讀完了，那麼該書的原作者，還有一冊更使人感興趣的名著《人性易改》（The Human Mobile），告訴你應該如何應對，讀過以後，定能建立你新的人生觀。——我所以要介紹這兩冊書給你，不但是因爲書的內容極好，並且筆調也是寫得極其流暢和優美，因此，你來讀這兩冊書，還可以充實美化你的作文詞彙呢！

此外，請你也來品嘗品嘗源源不絕的兩個最偉大的文學泉源——聖經和莎士比亞。

有人問英國十九世紀著名演員歐文斯爵士，世界上最值得閱讀的一百冊書是什麼？但他的回答是：「我希望你在閱讀一百冊書以前先讀這兩本名書吧——聖經和莎士比亞劇本。」

不錯，歐氏的「推薦」的確是難能可貴的，只有聖經和莎士比亞，才是英國文學的兩大源泉。你也應該從這兩部書中吸取些精華吧！在你每晚看報的時候不如拿起羅密歐與茱麗葉、馬克白兩個劇本來讀！而在早晨，你就閱讀聖經吧！

要是你真這麼照做了，那麼，結果會怎樣呢？——漸漸的，不知不覺的，也是必然的，你的辭采會突然變得美麗動人，也漸漸有近乎名人的格局了。正如德國大哲學家歌德所說：「請你告訴我，你閱讀些什麼書，我可以知道你是怎樣一個人！」

此外，請你千萬記住，你應該要有「恆心」、要有「毅力」，並且要隨時利用「餘暇的時間」。能夠這麼地實行你的「讀書計劃」，我深信你不但能成為偉大的演說家，而且一定可完成其他的偉大計劃。

3 讀字典

作家馬克·吐溫是如何發掘出他優秀的語言才能呢？在他青年時代，曾坐著馬車由內華達州到密蘇里州。在這樣長遠的路程，慢慢的、辛苦的旅行。當時為了人和馬，不得不運載些水和糧食，以致於其他的行李都顧不得了，因為一盎斯的水就相當於一份薪水。雖然如此，他卻一步也沒離開他那本大字典。不論是翻山越嶺橫渡大沙漠，或在印第安那及盜賊出沒的土地上旅行，這本字典都和他長相左右。

英國首相也將這本字典所有的頁數反覆研讀了兩次；林肯則是「直到天色暗到看不見爲止，還在看字典。」

你對於字典用「讀」的看法如何呢？這些人的成功絕非倖致。優秀的作家及稱做雄辯家的人都在努力做同樣的事。

威爾遜總統對英語有特殊的才能。他所寫的幾份書信（如對德宣戰書），無庸置疑地可列入「文學」部門。他是如何學習語彙的安置呢？他自己如此自述——

我的父親不許家裡任何人用字馬馬虎虎，只要小孩中有一人用詞不當，父親就會馬上糾正他。如果出現不了解的字彙，父親當場就會教我們，要我們一個一個地在會話當中使用那字彙，好讓我們記住。

有時候，學生當中有從紐約來的，他們簡潔巧妙的用詞、紮實的文章，屢次成為讚美的對象。這種能力之秘訣在於，每當遇有不認識的字彙，馬上就記在筆記上，然後養成在就寢前查字典的習慣，好將那字彙變成自己的東西。

萬一在當天無法解決，就去翻更詳細的字典，將那語詞正確的意義先寫在筆記本上，再將它置換成同義語看看。

每日一字——這就是座右銘，那也就是一年添加了三百六十五個新道具在他身上的意思。新詞彙先記在小備忘錄上，每天每天一有機會就複習它的意義。

「一個字彙使用三次後，就成為自己的東西了。」他微笑地這樣告訴我們。

4 一百四十次的推敲

要將心中話正確而又極具神韻地表達出來，決不是容易的事，就連經驗老到的作家也覺得困難。美國有一女作家對她的一篇文章要修改五十到一百次。甚至還有多達一百四十次的。其他的小說家也是這般用心。

若要描寫一輛開進門的轎車，他一定什麼也不忽略，用最富觀察力的眼睛，將那情景用最適切的字彙小心地描寫出來。除此之外，仔細地想出詞藻是再費心不過的了。

每刪除一字他就要自問：「影像還沒消失吧！」——如果影像要消失的話，他就會讓剛剛省略的復活，消掉其他的部分看看。

這樣反覆的努力後才敢呈現在讀者面前的書籍，讓我們看到每一個影像都是明確完楚地展示著，所以他的作品當然是動人而又美好的。

對我們而言，也許沒這個時間如此勤勉地推敲字彙，引用這個例子是希望大家知道，成功的作家們是多麼重視貼切字彙的探求，想要學習演講的諸位，希望對措辭這方面能有更深一層的關注。

想要適切地表達心意，吞吞吐吐的好幾個「嗯！」、「啊！」連在一起是不大好的。請在每天不經意的會話中，實踐正確的表達，努力地練習成完美無誤的表達方式。

一般人做事嫌麻煩，工作又過忙，以致沒有積極地練習正確而又適切的表達。例如某個婦人在敘述「某位男性的特質」、「袖珍狗」、「××的演奏曲名」、「××的小說」時，一律籠統地使用了「漂亮的、美麗的」來形容。如果是你，你會不會爲它們分別尋出最妥貼的形容詞呢？

5避開用過的詞彙

不僅僅是留心正確地說話，也要致力於新鮮而又獨創的說話方式。就是要持有你所想的「有什麼就說什麼」的勇氣。

舉一個例——「春花秋月」一般美麗的女孩——這樣的形容在初次使用時，是非常優異的表達。因爲非常地新鮮、巧妙而貼切、有力而動人，但是到了現在，重視獨創性的人們，誰會再使用這種陳腐的表現呢！

在冷凝的氣氛當中，你有沒有考慮到如何適切地傳達你所感受到的寒意？仔細想想，清楚地表達出來，再將它寫下來吧！

我曾經問過女性作家，如何才能把文章寫得有新鮮感，她的回答是這樣的：「要借重古典詩或散文的技巧，從自己所寫的文章當中，仔細推敲字句，務必使每一字都是最精彩、最具獨創性的。」

某編輯曾說，在送來的原稿中，一出現二、三個陳腐的表達方式，他馬上就不再審查。不用讀到最後，就可以節省時間將原稿還給作者了。他還說：「表達方式沒有獨創性的人，也別期望他的思想會具有創造性。」

備忘錄

一、我們和人們接觸的時候，有四件事容易被來評估我們的價值。那就是：

・我們所做的。

・我們的面貌。

・我們所說的話。

・我們是怎樣的說法？

二、在你的措辭當中，可以反映出你是和何種人交往。因此請仿效林肯，和言詞通達的人們交往吧！像林肯一般，你也可以暫時和莎士比亞、以及其他偉大的詩人、散文名人共同生活。如此，在不知不覺中，你的心境也會豐富，你的措詞也會帶有從那些人身上學到的光輝。

三、若有閱讀報紙的時間，那也多騰出一些閱讀名著的時間吧！

四、把字典放在一邊來讀書。將它實際運用的話，新的字彙就會陸續定居在你的腦海中。

五、不要使用陳腔濫調的字彙。將意義明確、切實地傳達出來。由同義語中選出適切的字彙來使用的話，你想說的話也會更明確、更新鮮、更漂亮地表達出了。

六、「像冰一樣的冷」這一陳腐的比喻不要再用了。努力於表現新鮮的、獨創的、具有你一己個性與特色的東西吧！

附錄
提高自己的交際能力

1 不要隨意批評和責怪別人

戴爾·卡內基智慧金言

·批評是根危險的導火線——一種足以使人的自尊爆炸的導火線，這種爆炸有時會導致人的死亡。

·任何傻子都會批評，指責和抱怨，而且大多數愚蠢者也是這樣做的。

·因批評而引起的羞忿，常常使對方的情緒大為低落，並且對應該矯正

的狀況，一點好處也沒有。

一八四二年秋天，林肯在《斯普林菲爾德時報》發表了一封匿名信，譏諷一位自高自大的愛爾蘭人詹姆斯·謝爾茲。

這封信令所有讀過它的人都捧腹大笑。

謝爾茲是個十分敏感而又自負的人，他得知後惱怒萬分。他一查出是誰寫的這封信之後，就立即跳上馬去找林肯，提出要和他決鬥。

林肯不想打架，更反對決鬥，但爲了保全面子，他也只有接受決鬥的要求。謝爾茲讓林肯隨便選擇武器，由於他雙臂較長，就選擇了騎兵用的長劍，並向西點軍校一位畢業生學劍術。

決鬥那天，林肯和謝爾茲在密西西比的一個沙灘上對峙，準備決戰至死。但就在決鬥即將開始的最後一分鐘，在同伴的勸說下，他們停止了這場「戰爭」。

這恐怕是林肯人生當中最爲難堪的一件事了。這件事讓他在爲人處世方面上了寶貴的一課。從此以後，他再也沒有寫過任何侮辱他人的信，也不再譏笑別人了，更不再爲任何事而批評別人。

在美國內戰的時候，林肯屢屢委派新的將領統帥北方軍隊作戰，但他們——麥克里蘭、波普、伯恩基、胡格、格蘭特——全都相繼慘敗。這使得林肯異常愁悶，失望地來回走動。

全國有一半的人都在痛罵這些不中用的將軍們，但林肯卻始終一聲不吭，不作任何表態。他最喜歡引用的一句格言是：

「不要議論別人，別人才不會議論你。」

當林肯的夫人和其他人都在非議南方佬時，林肯回答道：

「不要批評他們，如果我處在他們同樣的情況下，也會跟他們一樣的。」可是如果說誰有資格批評的話，這個人肯定是林肯了。

有這樣一件事：

蓋茨堡戰役發生在一八六三年七月的頭三天。到七月四日晚，南方的李將軍開始向南撤退。

當時烏雲籠罩，大雨傾盆而下。當李將軍率領敗軍之師退到波多梅克時，一條大河攔住了去路，難以通行，在他身後的，則是乘勝追擊的北方軍隊。

李將軍他們已經被圍困了，無路可逃。林肯看到這正是天賜良機，可以捕獲李將軍和南方軍隊，於是滿懷希望地命令格蘭特將軍，不必召開軍事會議，而是立即進攻李將軍。林肯用電報下命令，又派出特使，要求格蘭特立即行動。

而格蘭特將軍又是怎麼做的呢？他所做的與林肯的命令恰恰相反。他違背了林肯的命令，召開了一次軍事會議。

他一再拖延，猶豫不決。他還給林肯打電話，以各種藉口來解釋。他甚至一口回絕了進攻李將軍。最後，當河水退卻時，李將軍和他的軍隊從波多梅克逃走了。

林肯異常惱怒。

「這是什麼意思？」林肯朝他的兒子羅伯特大聲叫嚷道，「天啊！敵軍已落入我們手掌心，我們只需一伸手，他們就會完蛋了！但我不論說什麼，或做什麼，卻不能讓我們的軍隊前進一步。在這種形勢下，幾乎任何一位將軍都能擊敗李將軍。如果我在那裏，我自己就可以消滅他！」

在失望和痛苦之餘，林肯坐下來給格蘭特將軍寫了封信。

「我親愛的將軍：我想你肯定體會不到李將軍的逃脫所帶來的嚴重不幸。本來他已經處於我們的絕對掌控之中，如果抓住了他，再加上最近我們其他方面的勝利，戰爭就可以結束了。可是現在的結果呢，戰爭恐怕會無限期地延長下去。

「假如你不能在上周一成功地擊敗李將軍，你又怎麼能在渡河之後進攻他？因為那時你手中的兵力可能不到現在的三分之二。現在我已不再對你抱有成功的希望；即使抱有希望，那也是不合情理的。你已經失去了大好時機，為此我深感痛惜。」

你猜猜格蘭特將軍讀了這封信後，會是什麼反應？

結果格蘭特將軍一直沒有看到這封信，因爲林肯並沒有將它寄出去。這封信是在林肯遇刺身亡後，從他的文件中找到的。

卡內基讀了這個故事後說：

「猜想——這僅僅是我的個人猜想——林肯在寫完這封信後，站在窗口向外遠望，然後自言自語道：

『等等，也許我不該這麼著急。我坐在這寧靜的白宮中，命令格蘭特進攻是件很容易的事；但我當時如果到了蓋茨堡，如果我也和格蘭特一樣見過遍地鮮血，如果我的耳邊也聽到了傷兵的哀號和呻吟，也許我就不會急著進攻了。

「如果我的性格和格蘭特一樣柔弱，我的做法可能會與他相同。無論如何，現在生米已經煮成熟飯了，如果我寄出這封信，固然可以發洩我的不快，但格蘭特不會爲自己辯護嗎？他甚至會反過來斥責我，或產生厭惡心理，損害他的軍隊統帥的威信，甚至會使他乾脆辭職不幹了。』」

於是，就像卡內基上面猜想的那樣，林肯將信放在一邊，因爲他已從痛苦的經驗中體會到：尖刻的批評和斥責幾乎永遠起不了任何作用。

在與人相處時，一定要切記：與我們交往的，不是只有按道理或邏輯生活的人，而是充滿了感情的，帶有偏見、傲慢和虛榮的人。

而批評是根危險的導火線——一種足以使人的自尊爆炸的導火線，這種爆炸有時會導致人的死亡。

刻薄的批評，曾使得英國大文學家湯姆斯·哈代永遠放棄了小說創作；批評還促使英國詩人湯姆斯·卡德登自殺。

班傑明・佛蘭克林青年時期並不是很聰明伶俐，但後來卻變得非常精明能幹，結果被委任為美國駐法大使。他成功的秘訣就是「我不願意說任何人的壞話，」他說，「……我只說我所認識的每一個人的一切優點。」

任何傻子都會批評、指責和抱怨，而且大多數愚蠢者也正是這樣做的。要瞭解和寬容別人，就要有良好的品德和自我克制。

鮑伯・胡佛是一位著名的飛行員，常常在各種航空展覽中作飛行表演。有一天，他在聖地牙哥航空展中表演完飛行後，朝洛杉磯飛回。

正如《飛行》雜誌所描述的那樣，當飛機飛到三百呎的高度時，兩具引擎突然熄滅了。

幸虧胡佛的技術嫺熟，他駕駛飛機著了陸，雖然飛機受到嚴重毀壞，所幸的是人沒有受到任何傷害。

胡佛在飛機迫降之後所做的第一件事，就是檢查飛機的燃料。結果正如他所預料的那樣，他所駕駛的這架二戰時期的螺旋槳飛機裏面裝的，竟然是噴氣機燃油，而不是汽油。

胡佛回機場後，要求見那位為他做飛機保養的機械師。此時這位年輕的機械師還在為他所犯的錯誤而難過不已呢。

當胡佛向他走去的時候，他淚流滿面——他使一架昂貴的飛機受到了損壞，還差點要了三個人的性命。

你也許以爲胡佛一定會勃然大怒，並猜想這位榮譽心極強、凡事都要求精細的著名飛行員一定會痛斥這位機械師的粗心大意。

然而，胡佛並沒有責罵他，甚至連一句批評的話都沒有說。相反，他伸出雙手，抱住這位機械師的肩膀，說道：

「爲了表明我相信你不會再犯錯誤，我要你明天再給我的F51飛機做保養。」

◎詹森博士說：「要知道，即使是上帝，如果不到世界末日，祂也不會輕易審判世人。」為什麼你我都要批評別人呢？現實一點吧！只要你放棄批評，一切都會變得更美好。

2 做個善於傾聽、誠於嘉許的人

戴爾・卡內基智慧金言

・傾聽是對他人的最高讚賞。

・成功的交往，並沒有什麼神秘的——沒有別的東西會比這更使人開心的。

・如果你希望成為一個善於談話的人，那就先做一個善於傾聽的人。

卡內基曾應邀參加一次橋牌聚會。他自己不會打橋牌，恰好有一位美麗的女士也不會打橋牌。她知道卡內基在湯姆森先生從事無線電這個行業之前，曾經擔任過他的私人助理。

當時，湯姆森到歐洲各地去旅行，由卡內基來替他做即將播出的生動的旅行演講。所以她說：

「啊！卡內基先生，你能不能將你所見過的名勝古蹟告訴我？」

當他們在沙發上坐下的時候，她說她同她丈夫最近剛從非洲旅行回來。

「非洲，」卡內基說，「這可是一個非常有趣的地方！我總想去看看非洲，但我除了在阿爾及利亞待過廿四小時外，沒有到過其他任何地方。告訴我，你是否到過野獸出沒的國度？是嗎？你可真是幸運極了！我可真是太羨慕你了！請你告訴我關於非洲的情形吧！」

結果，那次談話持續了四十五分鐘。那位女士不再問卡內基到過什麼地方，也不再問他看見過什麼東西了。

這位女士並不是真的想聽卡內基談論他的旅行，她所想要的不過是一個認真的傾聽者，她可以借此機會來講她所到過的地方，以擴大她的自我感。

上面這位女士的做法並不是人生的唯一，許多人都是這樣的。

卡內基講了他經歷過的一件事：

卡內基在紐約著名的出版商格利伯的宴會上遇到了一位著名的植物學家。卡內基以前從來沒有和他交談過，卡內基覺得他具有極強的誘惑力。

卡內基坐在椅子上，靜靜地聽他介紹大麻、大植物學家波爾本以及室內花園等。植物學家還告訴卡內基許多關於馬鈴薯的驚人的事實。由於卡內基自己有一個室內小花園，他經常會遇到一些問題，因此植物學家非常熱情地告訴卡內基如何解決問題。

在宴會中，當然在座的還有十幾位其他的客人，但卡內基違反了所有的禮節規矩，沒有注意到其他人，而與這位植物學家談了好幾個小時。

到了深夜。當卡內基向眾人告辭的時候，這位植物學家這時轉身面對主人，對卡內基大加讚揚，說卡內基是「最富激勵性的人」，卡內基是一個「最有意思的談話家」。

卡內基感到奇怪：「一個有意思的談話家？就是我？可是，在這次交談中，我幾乎沒有說什麼話。如果我不改變話題的話，即使讓我來說，我也說不出什麼來，因爲我對於植物學所瞭解的知識，就像對企鵝的解剖學一樣全然無知。但是請注意，我在認真地傾聽他的談話。我專注地傾聽著，因爲我真的有了興趣。當然，他也察覺到了這一點，這顯然讓他很高興。」

可見，傾聽是我們對任何人的一種最高的讚賞。

伍德福德在他的《相愛的人》中寫道，「很少有人能拒絕那種隱藏於專心傾聽中的讚賞。」而卡內基卻比專心致志還要更進一步。卡內基這是「誠於嘉許，寬於稱道」。

卡內基告訴這位植物學家，他已經得到了極其周到的款待和指導——他確實感到如此。卡內基告訴他，自己真的希望能有他的知識。卡內基還告訴他，希望和他一起去田野中漫遊。

就因爲這樣，使這位植物學家認爲卡內基是一個善於談話的人。可是說實話，卡內基不過是一個善於傾聽的人，並鼓勵他談話而已。

成功交談的秘訣，即「神秘的秘訣」是什麼呢？那就是「專心致志地傾聽正在和你講話的人說話，這是最爲重要的。成功的交往，並沒有什麼神秘的——沒有別的東西會比這更使人開心的。」

◎與人談話，如果能專心致志地傾聽，不但可以使人心花怒放，談興更濃，而且可以表現自己的風采，贏得友誼。做個善於傾聽的人吧。

3 贊同化解危機

戴爾・卡內基智慧金言

・喜歡挑剔的人，甚至那種最激烈的批評者，也常常會在一個具有忍耐心和同情心的傾聽者面前，變得軟化起來。

・十次有九次，反駁只能使對方更堅持己見。

有的商人租用豪華的店面做生意，櫥窗的設計也很到位，可以打動人心，他們還不惜投入鉅資做廣告，可是他們雇用的卻是那些不知道做傾聽者的服務員——這些服務員甚至會打斷顧客的談話，反駁他們的觀點，激怒他們，有的甚至還要將顧客趕出店去。

卡內基的訓練班上有個學員叫沃爾頓。

沃爾頓在新澤西州紐華克市的一家百貨公司裏買了一套西服。可是他穿上這套西服之後卻非常的失望，因為上衣褪色，把他的襯衫領子都弄黑了。

於是，沃爾頓先生將這套衣服帶回百貨公司，找到賣西服給他的售貨員，告訴他有關的情況。可是他還沒有說完，就被打斷了。

「這種衣服我們已經賣出了好幾千套。」這位售貨員反駁說，「這還是第一次有人來挑毛病。」

這是他所說的話，而他說話的聲調聽起來比這更讓人難以接受。他那充滿火藥味的聲音好像在說：「你說謊。你想欺負我們，是不是？好，我要給你點顏色看看。」

正在兩個人吵得不可開交的時候，另一個售貨員又加入進來。

「所有的黑色衣服起初都會褪色的，」他說，「那是很自然的事。就這種價格的衣服，不可能不那樣。那是顏料的關係。」

「到這時候，我再也不能忍受了，頓時火起。」沃爾頓先生講述他的經過說，「第一個售貨員懷疑我的誠實；而第二個卻暗示我買了一件劣質貨。我當時就惱火了。我正要罵他們時，售貨部的經理走了過來。顯然，他很懂得他的職務的重要性，是他完全改變了我的態度，使我由一個怒惱的顧客變成看了一位滿意的顧客。

「他又是怎麼做的呢?首先，他靜靜地聽我從頭至尾講了一遍我的經過，沒有插一句話。然後，當我說完的時候，那兩個售貨員又想說他們的意見，但是這位經理站在我的立場，與他們辯論。他不僅指出我的領子顯然是被西服弄髒的，並且堅持說不能讓顧客滿意的商品，他們商店就不應該出售。最後，他承認他不知道會這樣的原因，並坦率地對我說：『你希望我如何處理這套衣服?你說什麼我們都可以照辦。』

「幾分鐘以前，我還想著讓他們將那套可惡的衣服留給他們自己，但我現在回答說：『我只想聽聽你的意見。我想知道這種情況是否是暫時的，或者還有沒有什麼辦法可以解決。』

「於是，他建議我將這套衣服再穿一個星期試試。他說：『如果到那時候你仍不滿意的話，我們一定會給你拿一套你滿意的。這樣讓你麻煩，我們感到非常抱歉。』

「我滿意地走出了這家商店。一星期後，這衣服再也沒有什麼毛病，我對那家商店的信任也完全恢復了。」

卡內基想，那位管理員之所以能當上售貨部經理，自有其道理。至於他的兩位下屬員工，就讓他們見鬼去吧——卡內基認為他們應該終身停留在店員的地位。最好是讓他們待在包裝部，永遠也不與顧客打交道。

喜歡挑剔的人，甚至那種最激烈的批評者。也常常會在一個具有忍耐心和同情心的傾聽者面前，變得軟化起來——當怒火萬丈的尋釁者像一條大毒蛇張嘴咬人的時候，這位傾聽者應當保持緘默，只是認真地傾聽。

紐約電話公司在幾年前不得不想辦法去安撫一位曾凶言惡語咒罵接線員的顧客。他那可是真的咒罵。他簡直有些歇斯底里，甚至威嚇要毀掉電話線路。他認為那是不合理的，因而不僅拒絕支付某些費用，還寫信給各家報紙，還多次向公眾服務委員會投訴，並好幾次向法院起訴這家電話公司。

最後，電話公司派了一位經驗最豐富的調解員去見這位喜歡找麻煩的顧客。這位調解員到了這位顧客家中之後，沒有說任何話，只是靜靜地聽他說話，不斷說「是」，並同情他的冤屈。

「他繼續毫無顧忌地說他的話。我靜靜地聽了將近三個小時，」這位調解員在我的訓練班上敘述他的經歷時說，「以後我又多次去他那裏，並再次靜靜地聽他訴說。我總共見過他四次，而在第四次訪問即將結束之前，我已經成為他正在創辦的一個組織的主要會員了。他將這個組織稱為『電話用戶權益保障協會』。我現在仍然是這個組織的會員。然而，除了這位老先生之外，就我所知，我是這個組織在這個世界上唯一的會員。

「在這幾次拜訪中，我始終都是傾聽他談話，並且贊同他所談的任何一件事。他從來沒有遇到過電話公司的人像我這樣和他談話，這使得他變得幾乎友善起來。

「我在第一次訪問他時，並沒有提到見他的目的，在第二次、第三次，我也沒有提到我的目的。但在第四次，我使這個案件有了完美的結局——老先生將所有的欠費都付清了，並使他自從與電話公司作對以來，第一次撤銷了他向公眾服務委員會的投訴。」

顯然，這位老先生自認爲是在爲公益而戰，是在保障公眾的權利不被無情地剝奪。但他實際上是在追求一種自尊感。他先是通過挑剔和抱怨，來得到這種自尊感。但是，當他從電話公司的代表那裏得到了自重感時，他那所有並不真實的冤屈立即化爲烏有。

◎小小的贊同有時能帶來意想不到的效果，甚至化解一次危機。從現在開始，你不妨放棄挑剔，善用贊同。

4 不要做令人厭惡的人

戴爾．卡內基智慧金言

·如果你想知道如何讓別人躲避你，在背後譏笑你，甚至輕視你，這裏就有一個好方法，那就是永遠不要傾聽別人談話，而是只顧不斷地談論你自己。

·千萬不要忘記，那個正與你談話的人，只會對他自己、他的需要最感興趣，這要比對你及你的問題勝過上百倍。

如果你想知道如何讓別人躲避你，在背後譏笑你，甚至輕視你，我這裏就有一個好方法，那就是永遠不要傾聽別人談話，而是只顧不斷地談論你自己；如果你在別人談話過程中有了一個想法，大可不必等他說完，你只要立即插嘴說你自己的事情，立即就可以讓他住口。

你認識這種人嗎？不幸得很，卡內基認識這樣一些人，但最讓人感到奇怪的是，有些這樣的人還是社交界的知名人士。他們正是那種令人厭惡的人——被他們的自私及他們的自負感所麻醉了的令人厭惡的人。

一心只談自己的人，只會爲自己著想。而「只爲自己著想的人」，哥倫比亞大學校長巴德勒博士說，「是無可救藥的，也是不可教育的。」「他是沒有教養的人，」巴德勒博士說，「無論他接受過什麼樣的教育。」

所以，如果你希望自己成爲一個善於談話的人。首先就要做一個善於傾聽別人的人。「要使別人對你感興趣，首先就要對別人感興趣。」要做到這一點其實並不難，你不妨問問別人一些他們喜歡回答的問題，鼓勵他們開口談，說說他們自己以及他們所取得的成就。

千萬不要忘記，那個正在與你談話的人，只會對他自己、他的需要、他的問題最感興趣，這要比對你及你的問題勝過上百倍。

◎在與人交往時，一旦你與人交惡。就很難取得他人的信任，要想爭取他人合作也難上加難，所以千萬不要做令人厭惡的人。

5 永遠不要與別人正面衝突

戴爾．卡內基智慧金言

．你贏不了爭論。要是你輸了，你當然也就輸了；如果你贏了，可你還是輸了。因為人的內心不會因為爭論而有所改變。

．天下只有一種方法能得到辯論的最大利益——那就是避免辯論。

在第二次世界大戰剛結束不久的一個晚上，卡內基在倫敦擔任羅斯．史密斯爵士的私人經紀人。在戰爭時期，史密斯爵士曾擔任澳大利亞空軍飛行員。而在歐洲戰場取得勝利，宣布和平不久之後，他因為在三十天之內飛行了半個世界而轟動了全世界。

自有史以來，還從來沒有過如此驚人的壯舉，那可真是一件轟動一時的大事。澳大利亞政府獎勵他五千美元，英國國王封他為爵士，一時間，他成了英國境內最受關注的人。

有一天晚上，卡內基參加了歡迎羅斯．史密斯爵士的宴會。席間，有一位坐在卡內基旁邊的先生講了一個幽默的故事，這故事正好應驗了這樣一句格言：「謀事在人，成事在天。」

這位講故事的先生提到這句話出自《聖經》，但他錯了，卡內基敢肯定，這一點毫無疑問。於是，為了顯示自己的優越，卡內基想糾正他。他堅持他的說法：「什麼？出自莎士比亞？不可能！絕對不可能！那句話確實出自《聖經》。」他非常的自信。

這位講故事的先生坐在卡內基的右邊，而他的一位老朋友加蒙先生則坐在卡內基的左邊——加蒙先生潛心研究莎士比亞的著作已有多年了。所以，這位講故事的先生和卡內基同意請加蒙先生來作裁判。

加蒙先生靜靜地聽著，但暗中用腳在桌下踢卡內基，然後說道：「戴爾，你錯了。這位先生是對的。那句話確實出自《聖經》。」

那個晚上回家的時候，卡內基對加蒙先生說：「老實說，你明明知道那句話是出自莎士比亞。」

「是的，當然，」他回答說，「是在《哈姆雷特》第五幕的第二場。但是親愛的戴爾，我們只不過是參加一次盛會的客人，為什麼非要證明一個人是錯的呢？那樣做難道就能使他喜歡你嗎？為什麼不給他留點面子呢？他並沒有徵求你的意見，而且也不需要你的意見。你為什麼要和他爭辯呢？應該永遠都不要和別人正面衝突。」

「永遠都不要和別人正面衝突。」說這句話的先生現在早已經長眠於地下了，但他給卡內基的教訓卻難以磨滅。

卡內基說：「這個教訓對我來說極其重要，因爲我向來是一個非常固執的辯論者。在我的少年時期，我曾與我的哥哥就天下所有的事發生過爭論。上了大學以後，我又選修了邏輯學和辯論術，並參加了許多辯論賽。後來我又曾在紐約教授演講與辯論課，不好意思的是，我還曾打算寫一本辯論方面的書。從那時起，我曾聽過、看過、評論過、參加過好幾千次辯論賽，並注意它們的影響。通過這些活動，我得出一個結論：天底下只有一種能贏得辯論的方法——那就是避免辯論，就像避免毒蛇和地震一樣。」

十之八九，辯論的結果只會使辯論的雙方都比以前更加堅信自己是絕對正確的。你贏不了爭論。要是輸了，當然你也就輸了；但是即使你勝了，你還是失敗的。爲什麼？如果你勝了對方，把他駁得體無完膚或千瘡百孔，證明他毫無是處，可是那又能怎樣？你也許會覺得很得意。但是他呢？你只會讓他覺得受到了羞辱。既然你傷了他的自尊心，他自然會怨恨你的勝利，而且「一個人即使口頭認輸，但心裏根本不服。」

多年以前，有一位爭強好勝的愛爾蘭人哈里先生參加了卡內基的輔導班。他受過的教育雖然很少，但卻非常喜歡與人爭論！

他曾給別人當過汽車司機。後來，他改行推銷載重汽車，但是並不怎麼成功，便到我這裏來求助。卡內基稍微詢問了他幾句，就可看出，他總是同他的顧客爭辯，並冒犯他們。假如有某位買主對他推銷的汽車有所挑剔，他就會怒火難耐，和對方大聲強辯，直到把對方駁得啞口無言。

那時他的確贏過不少次爭論。後來他對卡內基說：「每當我走出人家的辦公室時，總對自己說：『我總算把那傢伙教訓了一次。』我的確教訓了他，可是我什麼也沒有推銷出去。」

因此，卡內基的第一個難題不只是教哈里如何與人交談，而是訓練他如何克制自己不要講話，避免與人發生爭執。

現在，哈里先生已經是紐約懷特汽車公司的明星推銷員了。他是怎麼取得成功的呢？下面是他自己敘述的經過：

「假如我現在走進一個顧客的辦公室，而他卻說：『什麼？懷特汽車？它們可不怎麼樣！你白白送給我，我都不要。我只買某某牌的汽車。』我會說：『請聽我講，老兄，那種汽車的確很不錯，你買那種汽車絕對錯不了。那家公司的汽車品質可靠，而且推銷員也很優秀。』於是，他就無話可說了。他沒有和我爭辯的餘地了。

「如果他說某某牌的汽車最好，我說確實不錯。那麼他就只好住嘴不說了。既然我同意了他的看法，他當然也就不能整個下午不停地說『某某牌的汽車最好』了。於是，我們不再談某某牌的汽車，我開始向他介紹懷特汽車的優點。

「我若是在當年聽到他那樣的話，一定會大發脾氣。我會立即和他吵起來，挑剔某某牌汽車。而我越是挑剔貶低它，我的顧客則會越賣力地辯護；他越這樣辯護，就越堅信和喜歡我的競爭對手的產品。

「現在回想起來，我把自己一生中的許多時間都耗費在與別人抬槓上了。現在我緘口克己，很是有效。」

正如睿智的班傑明．佛蘭克林常說的：

「如果你爭強好勝，喜歡與人爭執，以反駁他人爲樂趣，或許能贏得一時的勝利，但這種勝利毫無意義和價值，因爲你永遠得不到對方的好感。」

所以，你自己應該仔細考慮好：你寧願要一個毫無實質意義的、表面上的勝利？還是希望得到一個人的好感？你不能兩者兼得。

一位名叫巴森的所得稅顧問，因為一項九千美元的賬目發生了問題。而與政府一位稅收稽查員爭論了一個小時。巴森先生認為這九千美元實際上是應收賬款中的一筆呆賬，永遠不會收回來，所以不應該徵稅。

「呆賬？胡說！」那位稽查員反駁說，「這稅非徵不可。」

「這位稽查員非常的冷漠、傲慢，而且很固執，」巴森先生在我班上講述經過時說，「無論我如何與他講道理，還是說事實，都沒有作用……我們越是辯論，他越是固執。所以，我決定不再和他辯論，而是改變話題，給他說些讚賞的動聽話。

「我說，『與你所要處理的其他重要而困難的事相比，我這件事簡直微不足道。我也曾研究過稅務問題，但那只不過是書本上的死知識。而你的經驗和知識全都來自業務實踐。有時我真希望能有一份你這樣的工作。這種工作可以使我學到許多東西。請相信我的每句話都出自真心實意。』我說得非常認真。

「於是，那位稅務稽查員在椅子上伸了伸腰，向椅背上一靠，開始興奮地講起他的工作來。他告訴我，他發現過許多在稅務上巧妙舞弊的花招。他的口氣逐漸變得友善起來；接著他又談起他的孩子來。臨走時，他告訴我說，他會再考慮考慮我的問題，並在幾天之內給我結果。

「三天之後，他來我的辦公室，告訴我說，他已經決定不徵收那九千美元的稅了。」

這位稅務稽查員正表現出了一種人類最常見的弱點，他需要一種自重感；巴森先生越是和他辯論，他就越努力地強調他職務上的權威，以獲得他的自重感。一旦巴森先生承認了他的權威，辯論立即偃旗息鼓。自重感得到了滿足，他也就變成一個富有同情心的、和善的人。

佛祖釋迦牟尼說：「恨不止恨，唯愛能止。」誤會永遠不能靠爭辯來消除，只有靠技巧、調解、寬容，以及用同情的眼光來看待對方的觀點。

在一本叫《點點滴滴》的書中，有一篇文章介紹了如何提高個人交往能力的建議，我們不妨遵而循之：

1.歡迎不同的意見

應該記住這句話：「當兩個合作者之間總是意見分歧時，其中一人就不再需要了。」如果有些問題你沒有想到，而有人向你提出來了，你就應該向他表示衷心的感謝。不同的意見是使你避免犯大錯的最好機會。

2.不要相信你的直覺

當有人提出不同意見時，你的第一反應，也是自然反應，就是進行自衛。但是你一定要小心謹慎。你要保持一種平常之心，並且警惕你的直覺反應。因爲這種直覺可能是你最致命的錯誤，而不是最好的決策。

3.自我克制

記住，你可以根據一個人在什麼情況下會發脾氣，來推測這個人的氣量和成就將有多大。能夠自我克制的人，永遠會比那些動不動就發脾氣的人更有成就。

4.傾聽別人的意見

「你應該把機會給你的反對者，使他可以直接與你交談。你應讓他把話說完，不要抵制、不再自衛或爭執，否則只會加深矛盾和分歧，增加溝通的障礙。你努力建立瞭解的橋梁，而不是再加深誤解。

5.尋找共同之處

當你聽完了反對者的意見之後，應該先想想哪些意見是你可以同意的。

6.待人以誠

不要害怕承認錯誤，而要坦誠地說出來。就你的錯誤向人道歉，這樣有助於解除反對者的武裝，減少他們的防衛。

7.認真考慮反對者的意見

這種行動要發自內心。你的反對者所提的意見有可能是對的，這時認真考慮他們的意見無疑是明智之舉。如果等到對方這樣說：「我早就告訴你這件事了，可你就是聽不進去！」那時你可就無地自容了。

8. 感謝反對者的關心

任何人只要願意花時間來表達他的不同意見，就一定是和你一樣關心同一件事情的。如果你把他們這種不同意見當成是對你的幫助，把反對者看成你的幫助者，那你也許會將反對者變成你的朋友。

9. 三思而後行

建議你在當天稍晚些時間，或次日再開會討論，好讓大家都有時間把問題考慮清楚和周到。在準備下次開會的時候，要問自己下面這些問題：

「反對者的意見是不是對的？或者有部分是對的？他們的立場和理由是否站得住？我的反應是在解決問題，還是爲了自尊而不願接受對方意見？我的反應是使反對者親近我，還是讓他們更加遠離我？我的反應是不是能夠提高別人對我的評價？我將成功還是失敗？如果我能成功，代價是什麼？如果我不說話，反對者的意見就會消失嗎？這是不是我的一個新機會？」

男高音歌唱家傑恩．皮爾士的婚姻生活持續將近五十年之久，他有一次透露說：「我太太和我在很早以前就訂了一條協議，不論我們如何不滿對方，我們都必須遵守這條協議：當一個人大吼大叫的時候，另一個人應該安靜地聽著——因爲當兩個人都大吼大叫時，就毫無溝通可言了，有的只是噪音和震動。」

◎在人際交往中，任何辯論都是有害無益的，所以你最好放棄辯論，避免與別人發生正面衝突。

6 避免指責別人的錯誤

戴爾·卡內基智慧金言

- 如果你能承認或許是你錯了，那麼你永遠不會惹來麻煩。
- 對人絕對不要武斷，不要傷害別人的感情。

錯誤是再所難免的，如果一個人說了一句你認爲錯的話——是的，即使你能肯定那是錯的——但你這樣說也許最好：「噢，是這樣的！不過我還有另一種想法，但我也許不對。我總是會出錯的。如果我錯了，還請你指正。且讓我們來看看問題的所在。」

用這類話，如「我也許不對」，「我常常會出錯」，「且讓我們來看看問題所在」，確實會收到神奇的功效。

卡內基訓練班上有一位名叫哈爾德·倫克的學員，他在道奇汽車公司擔任蒙他拿州比林斯郡代理商。他就在自己的工作中採用了上面這種有效的方法。

他說在汽車銷售行業，壓力非常之大，因此他以往在處理顧客抱怨和糾紛時，常常以自我為中心，不考慮顧客的利益，結果總是發生衝突，導致生意銳減，同時還會出現其他不愉快的事情。

於是，倫克開始改變策略。他在班上這樣說道：「當我確信這樣做對我並沒有什麼好處時，我就開始嘗試另一種方法。我這樣對顧客說：『我們確實犯了許多錯誤，真是萬分抱歉。關於你的問題，我們也可能有錯誤，請你告訴我。』」

「這個辦法在解除顧客的對立情緒方面很是有效。而等他們平靜下來之後，他們往往會很講道理，於是問題也就容易解決了；甚至還有許多顧客來向我表示感謝，因為我這種態度讓他們感到了被尊重。其中有兩個人還把他們的朋友介紹到我這裏來買車。在這種競爭激烈的商場上，我們當然需要更多這樣的顧客。我認為尊重顧客的所有意見，並且採取靈活的、有禮貌的方式來處理的話，就會有成功的希望。」

很少有人會進行邏輯性的思考。我們之中的大多數人都犯有主觀的、偏見的錯誤。多數人都有嫉妒、猜疑、恐懼以及傲慢等許多缺點。所以，如果你習慣於指出別人的錯誤的話，就請你在每天早餐以前，坐下來讀一讀下面這段文字。它摘自詹姆斯·哈威·魯濱遜教授那本極具啓迪意義的《決策的過程》一書。

「有時候我們會在熱情或衝動之下改變自己的思想。但是如果有人指出了我們的錯誤的話，我們反而會固執己見，並遷怒於對方。我們會在無意識中改變自己的某種觀念。這種行為完全是潛移默化，不被我們注意的。但如果有人要來指正我們這種觀念，我們反而會極力維護它，使其不受侵犯。很明顯，這並不是由於那些觀念本身非常寶貴，而是我們的自尊心受到了傷害……

「在爲人處世時，『我的』這簡單的兩個字是最重要的詞。妥善適當地用好這個詞，才是智慧之源。無論是『我的』飯，『我的』狗，『我的』屋子，『我的』父親，『我的』國家，還是『我的』上帝，這些都有著同樣的力量。我們不但不喜歡別人說我的手錶不準，或我的汽車太破舊，我們總是願意相信以往所習慣的東西，當我們所相信的任何事物受到懷疑時，我們就會產生反感，並尋找各種理由來爲它辯護。結果呢，我們所謂的理智、所謂的推理等等，就變成了維繫我們所慣於相信的事物的藉口。」

著名心理學家卡爾．羅吉斯在他寫的《怎樣做人》一書中說：

「當我嘗試瞭解別人的時候，我發現這實在是太有意義了。你對我這樣說也許會覺得很奇怪，會想我們真的有必要去這樣做嗎？而我以爲這是絕對必要的。我們聽別人說話的時候，所作的反應一般是進行判斷或評價，而不是試圖去理解這些話。

「當別人說出他的某種感覺、態度或者信念的時候，我們總是會作出各種判斷：『不錯』、『太可笑了』、『這正常嗎』、『這不合乎道理』、『這太離譜了』、『這可不對』……而我們很少去真正瞭解這些話對別人有什麼意義。」

有一次，卡內基雇用了一位室內裝飾設計師，為自己家中裝一些窗簾。當帳單送給卡內基時，他大吃一驚。

過了幾天，一位朋友來卡內基家，他看到這窗簾，問了問價錢，然後帶著得意的口氣大叫說：「什麼？簡直太過分了。我想你大概上了他的當。」

真的嗎？是的，她說的是實話，但很少有人願聽別人羞辱自己判斷力的實話。所以，受習慣的驅使，卡內基開始竭力為自己辯護。他說最好的東西總是最貴的，一個人不可能奢望用便宜的價格買到既品質優良，又具有藝術特色的東西，等等。

第二天，另一個朋友來卡內基家。她很熱情地讚賞那些窗簾，並表示她也希望自己有能力為家裏安裝這麼精美的窗簾。卡內基這時的反應完全不同了。

「哦，說老實話，」卡內基說，「我也沒錢買那些窗簾，它們實在太貴了。我現在還後悔買了它們。」

當我們犯錯的時候，我們或許會自己承認。如果對方待我們非常和善友好，我們也會向別人承認，甚至會對我們自己這種直率坦誠而感到自豪。但如果有人硬是要將難以下嚥的東西塞進我們的喉嚨，那可辦不到……

美國南北內戰時，最著名的編輯哈里斯・格里萊激烈地反對林肯的政策。他相信用辯論、譏笑、詬罵等辦法可以迫使林肯同意他的觀點。於是他月復一月、年復一年地持續使用這種苛刻的辦法。

就在林肯遇刺的那天晚上，他還寫了一篇文風粗暴而苛刻的文章來諷刺攻擊林肯。

但所有這些尖刻的攻擊使林肯妥協了嗎？絲毫沒有。譏笑、謾罵永遠於事無補。

如果你想要得到一些關於待人處世、自我控制、增進品德修養的有益建議，不妨讀一讀《班傑明・佛蘭克林的自傳》——這是一本極吸引人的傳記，也是美國文學史上的名著之一。

在這本自傳中，佛蘭克林講述了他如何克服好爭辯的陋習，使他成為美國歷史上最能幹、最和藹、最善於外交的人。

當佛蘭克林還是一個冒冒失失的青年時，有一天，教友會一位老教友將他拉到一邊，用尖酸刻薄的話訓斥了他一頓。那幾句話大致如下：

「你可真是無藥可救。你嘲笑、攻擊每一位和你意見不同的人。你的意見太不實際了，沒人接受得了。你的朋友甚至會覺得，如果你不在場的話，他們會更加自在。你知道得太多了，沒有人能再教你什麼東西了，而且也沒有人願意去做這種費力不討好的事。所以你不可能再學到新知識了，而你現在所知卻又十分有限。」

佛蘭克林最大的優點之一，是他接受那尖刻責備的態度。儘管他已經成熟，也很明智，但他能領悟到那是事實，並發現這樣下去的話，他將面臨前途及社交失敗的危險。於是，他改掉了陋習，立刻拋棄了他的驕傲、固執的態度。

「我訂下一條規矩，」佛蘭克林說，「絕對不許武斷，不允許傷害別人的感情，甚至不准說『絕對』之類肯定的話。我甚至不允許自己在語言中使用過於肯定意思的字眼。我不再說：『當然』、『無疑』等等，而代以『我想』、『揣度』，或『我想像』一件事可能是這樣或那樣，或『目前在我看來是這樣』。當別人肯定說了些我明知其錯誤的話，我也不再冒冒失失地反駁他，不再立即指出他的錯誤。我會在回答時，先說『在某種情況下，你的意見不錯；但在現在的條件之下，我認爲事情或許會……』等等。很快我就看出我這種改變態度的收穫，我所參與的許多談話，氣氛都愉快融洽多了。我以謙遜的態度表達自己的意見，不僅更讓人容易接受，而且還減少了一些衝突。當我犯了錯誤時，我也很少會難堪，而我自己碰巧對的時候，更容易使對方不再固執己見而贊同我。」

◎肆意指責他人的錯誤，只會傷害他人的感情，使其遠離你。所以，如果你想獲得人際交往的成功，就要避免指責別人的錯誤。

7 送人一頂「高帽子」

戴爾・卡內基智慧金言

・如果你希望某人具備一種美德，你可以公開宣稱他早就擁有這一美德了，送他一頂高帽子。

・幾乎每一個——富人、窮人、乞丐、盜賊——都會極力保全別人所給予他的好名聲。

・如果他得到你的尊重，並且對他的某種能力表示認可，他就很容易受到引導。

如果一個好工人變成了不負責任的工人，你會怎麼辦？你可以解雇他，但卻解決不了任何問題；你也可以責罵那個工人，但這通常只會引起怨恨。

亨利・哈克是印第安那州洛威市一家卡車經銷公司的服務部經理，有一個工人的工作成績每況愈下。但亨利・哈克並沒有對他怒吼或威脅，而是把他叫到辦公室，跟他做了一次坦誠的談話。

他說：「比爾，你是一名很出色的技工。你在這條生產線上已經工作好幾年了，你修的車顧客也都很滿意。其實，有很多人都稱讚你的技術。不過，你最近完成一件工作所需要的時間加長了，而且品質也不如你以前的水準。以前你是個優秀的技工，我想你一定知道我不太滿意你目前這種情況。我們也許可以一起來想辦法改進這個問題。」

比爾回答說，他並不知道他沒有做好他的工作，並且向亨利・哈克保證他以後一定會改進。

他做到了沒有？你可以肯定他做到了。因爲他原本就是一個優秀而敏捷的技工。有了哈克先生的那次讚美，他會去努力，而不會做不如從前的事。

住在紐約州的琴德夫人，是卡內基的一位好朋友。她雇了一個女僕，告訴她下星期一上班。然後，琴德夫人給那女僕以前的女主人打電話瞭解情況，但結果很不好。當這女僕來上班的時候，琴德夫人說：

「奈莉，我給以前雇你做事的那位太太打電話。她說你誠實可靠，不僅會做菜，還會照顧孩子。但她說你不整潔，不能把屋子收拾乾淨。現在我想她可能是在說謊。你穿得這麼整潔，人人都可以看到這一點。我敢打賭你收拾的屋子一定同你的人一樣乾淨整潔。我們將會相處得很好。」

結果呢，她們真的相處得很好。她把屋子收拾得乾乾淨淨。哪怕多花一小時擦地，她也不願讓琴德夫人對她失望。

這些大概就是所謂的給人戴高帽子。看來，高帽子的力量的確很大，它可以使人「長」得更高。

「對普通人來說，」鮑德文鐵路機車廠經理華克萊說，「如果你能得到他的敬重，並且你對他的某種能力也表示敬重，那麼他們都會很樂意接受你的領導。」

總之，如果你要在某方面改變一個人，就必須把他看成他早就具備這一方面的傑出特質。莎士比亞說：「假定一種美德，如果你沒有，你就必須認爲你已經有了。」如果你希望某人具備一種美德，你可以公開宣稱他早就擁有這一美德了（儘管可能的確沒有）。給他一個好名聲，送他一頂高帽子，讓他去實現，他便會儘量努力，不願看到你失望。

吉歐吉特．勃布蘭在她的《我與馬德林的一生》一書中，曾敘述了一個卑賤的比利時女僕的驚人變化。

「隔壁旅館的一個女僕來給我送飯，」她寫道，「人們叫她『洗碗的瑪莉』，因為她一開始只是做廚房裏的雜工。她好像一個怪物，斜眼、彎腿，無論從肉體上還是從精神上來說，都是個天生的可憐人。

「有一天，當她用紅紅的雙手端來一盤麵給我時，我直爽地對她說：『瑪莉，你知不知道你有許多的內在美？』

「習慣於不露聲色、壓抑情感的她，聽了我這話之後，因害怕失誤而惹下大禍，便木呆地站在那裏幾分鐘，以平息其激動。然後，她將盤子放在桌上，嘆了口氣，認真地說：『夫人，我以前從來不敢相信。』她沒有懷疑，也沒有發問。她只是回到廚房，對別人重複了我對她說的話。

「由於那些人很相信我，沒有人會取笑她。從那天起，甚至開始有人體恤她。但最奇怪的變化，發生在卑微的瑪莉身上。她確實相信她擁有一些自己看不見的優點，她開始注意自己的容貌及身體，這使她乾癟的身體煥發出青春的魅力，並掩蓋了她的缺陷。兩個月以後，當我即將離開時，她宣布她將和大廚師的侄子結婚。她說：『我要做太太了。』她一再向我致謝。就那麼一句小小的讚許的話，改變了她整個人生。」

勃布蘭給了「洗碗的瑪莉」一個好名聲，讓她去爲此而努力奮鬥——而那名聲也的確改變了她。

比爾．派克是佛羅里達州德透納海灘一家食品公司的業務員，他對於公司新近推出的系列產品感到非常興奮，但不幸的事情發生了：一家大食品公司的經理取消了產品展示，這使得比爾很不高興。他想這件事想了一整天，決定在下午回家之前再去那家公司試試。

他說：「傑克，今天早上我走時，還沒有讓你真正瞭解我們最新推出的系列產品。假如你能再給我一些時間，我很高興為你介紹我還沒說完的幾點。我非常敬重你聽人談話的雅量，而且你待人非常寬厚，當你聽完我的介紹後，你會改變你的決定。」

傑克會拒絕派克的話嗎？在必須維持派克給他的美譽的情況下，他是沒辦法拒絕的。

有一句古話說：「人要是背了惡名，不如一死了之。」但給他一個好名聲——看看會有什麼結果！幾乎每一個人——富人、窮人、乞丐、盜賊——都會極力奮鬥保全別人給予他的好名聲。

辛辛監獄長勞斯說：「如果你必須應付盜賊，只有一個可能的方法可以制服他——那就是把他當作一個體面的君子來對待他。你必須把他看成是規規矩矩的人。這樣，他就會受寵若驚，因此而有所感動，並以別人對他的信任而自豪。」

◎高帽子是簡單的，只要你輕啟兩片肉唇，就可以源源而出；高帽子是神奇的，只要你送出，就會驚喜連連。還等什麼呢？趕快行動吧！

8 使人樂意做你所建議的事

戴爾・卡內基智慧金言

・如果你想讓別人樂意做你想要他去做的事，你就必須讓他明白，他對你是多麼的重要，而他自然也會在心中產生這種感覺，從而實現你的期望。

・獲得權威，這是人類的一種天性。

在一九一五年，美國人心惶惶，全國上下都極為驚駭。因為僅僅一年的功夫，歐洲各國就相互殘殺，其規模之大，在人類血戰史上從未有過。和平能實現嗎？沒有人知道。但威爾遜總統決意一試。他派了一位私人代表，作為和平特使，與歐洲列強磋商。

國務卿布萊恩是個極力提倡和平的人，他很希望去做這件事。他認為這是一個立下豐功偉績、名垂萬世的大好機會，但威爾遜委派了另一個人——他的摯友霍斯上校。對於霍斯來說，這可是一件麻煩事，因為他必須將這不好的消息告知布萊恩而又不能讓他不高興。

「當聽說我要去歐洲做和平特使時，布萊恩他當然極其失望，」霍斯上校在他的日記中寫道，「他說他早就打算由他自己去辦這件事。」

「我回答他說，總統認為任何人以官方身分去正式處理這件事，都不合適。如果派他去，將會引起許多人的注意，人們會覺得奇怪，為什麼布萊恩到那裏去了？」

你看出霍斯所說的內在含義了嗎？霍斯實際上是在告訴布萊恩他太重要了，以至於他不適合那項工作——於是布萊恩滿意了，再也無話可說。

霍斯上校老於世故，他遵從了處理人際關係的一項很重要的規則——永遠使別人樂於做你所建議的事。

威爾遜總統在請麥卡杜擔任他的內閣成員的時候，也運用了同一策略。

任何人與總統共事，都會覺得這是一種榮譽，但威爾遜總統所用的方法更使人覺得自己加倍重要。下面是麥卡杜自己敘述的經過：

「他（威爾遜）說他正在組閣，如果我能接受內閣中的某個位置，擔任財政部長，他會非常高興。他說話令人愉快，而且他的話給人這樣一種印象，即如果我接受這個榮譽，就幫了他的一個大忙。」

不幸的是，威爾遜總統並沒有一貫運用這種待人處世的方式。如果他能這樣做的話，歷史或許要重寫。例如，在美國加入國際聯盟這件事上，威爾遜沒有讓參議院及共和黨覺得愉快。

因為威爾遜拒絕讓羅德或休斯或洛奇或任何其他著名的共和黨領袖同他一起參加和平會議，相反，他只帶了自己黨內的無名人士。他駁斥共和黨人，說加入國際聯盟不是他們的主意，而是他自己的主意，而且他不讓他們參與此事，這種粗率處理人際關係的結果是，威爾遜毀壞了他自己的政治生涯，損害了他的健康，更縮短了他的壽命，並使美國不能加入國聯。

卡內基認識一位先生，那位先生必須拒絕許多演講的邀請、來自朋友的邀請，以及來自盛情難卻的人們的邀請，但他做得很巧妙，使對方感到很滿意。他是怎樣做的呢？

他並不是說太忙，太這樣，或太那樣。不，他會在拒絕邀請並對此表示感謝與致歉後，提議一位代替他的人。換言之，他不會讓對方有時間來爲他的推辭感到不快，他會立刻讓對方想到可以邀請別人來做他可以做的事。

「你爲什麼不請我的朋友羅格斯，他是布魯克林《鷹報》的編輯，他可以爲你演講。」或者他會建議說：「或許你已經想過要請海考克。他曾在巴黎住了十五年，這位駐歐記者有許多奇聞軼事可說。你爲什麼不請朗費羅？他有許多在印度打獵的極其精彩的影片可供欣賞。」

萬特先生是萬特公司的經理。這家公司在紐約是最大的照相凸凹印刷公司。有一次，萬特先生遇到了一個難題，他必須改變一位技師的態度及要求，同時又不能引起他的反感。這位技師的工作是看管幾十架打字機及其他一些不好操作的機器，使它們晝夜不停地正常運轉。他總是抱怨工作時間太長，工作太多，他需要一個助手……

萬特沒有給他配一個助手，也沒有減少他的工作時間或工作量，但他卻使這位技師覺得很快樂！這是怎麼回事呢？他給這位技師安排了一間私人辦公室，並在門上寫著他的名字和頭銜——「修理部主任」。

這位技師不再是一個可以被湯姆、狄克或亨利等人隨意支使的修理匠了。他現在是一部之長。他有威嚴，有地位，獲得了自重感。他工作快樂，也不再抱怨了。

當拿破崙創立榮譽勳章，並給他的士兵頒發了一千五百枚這樣的勳章，提升他的十八位將軍為「法國元帥」，稱他的部隊為「大陸軍」的時候，有人批評拿破崙把「玩具」贈送給那些久經沙場的勇士，而拿破崙對此卻回答說：「人就是受玩具所支配的。」這種給人名譽和頭銜的方法，能為拿破崙所用並極為有益，當然也能為你所用。

◎當一個人心情愉快的時候。他的能動性就會增加，從而釋放出更大的能量；所以，當你想要別人遵從你的建議，只有一個辦法，那就是讓他樂意。

【典藏新版】卡內基超人氣說話術

作者：戴爾・卡內基
發行人：陳曉林
出版所：風雲時代出版股份有限公司
地址：10576台北市民生東路五段178號7樓之3
電話：(02) 2756-0949
傳真：(02) 2765-3799
執行主編：朱墨菲
美術設計：吳宗潔
業務總監：張瑋鳳

新版一刷：2025年3月
版權授權：翁天培
ISBN：978-626-7510-53-7

風雲書網：http://www.eastbooks.com.tw
官方部落格：http://eastbooks.pixnet.net/blog
Facebook：http://www.facebook.com/h7560949
E-mail：h7560949@ms15.hinet.net
劃撥帳號：12043291
戶名：風雲時代出版股份有限公司

風雲發行所：33373桃園市龜山區公西村2鄰復興街304巷96號
電話：(03) 318-1378
傳真：(03) 318-1378
法律顧問：永然法律事務所 李永然律師
北辰著作權事務所 蕭雄淋律師

行政院新聞局局版台業字第3595號 營利事業統一編號22759935

定價：290元

國家圖書館出版品預行編目資料

卡內基超人氣說話術 / 戴爾.卡內基著. -- 再版. -- 臺北市：風雲時代出版股份有限公司, 2025.01
面；　公分

ISBN 978-626-7510-53-7(平裝)
1.CST: 說話藝術 2.CST: 溝通技巧

192.32　　113018838